VIES ET OEUVRES

DES

PEINTRES LES PLUS CELÈBRES.

VIES ET OEUVRES

DES

PEINTRES LES PLUS CÉLÈBRES

DE TOUTES LES ECOLES;

RECUEIL CLASSIQUE,

CONTENANT

L'ŒUVRE complète des Peintres du premier rang, et leurs Portraits; les principales Productions des Artistes de 2e et 3e classes; un Abrégé de la Vie des Peintres Grecs, et un choix des plus belles Peintures antiques;

REDUIT ET GRAVÉ AU TRAIT,

D'APRÈS les Estampes de la Bibliothèque impériale et des plus riches Collections particulières;

PUBLIÉ PAR C. P. LANDON, Peintre, ancien Pensionnaire du Gouvernement à l'Ecole Française des Beaux-Arts à Rome, Membre de plusieurs Sociétés Littéraires, Éditeur des Annales du Musée.

A PARIS,

Chez TREUTTEL et WURTZ, Libraires, rue de Lille, N° 17.
Et à STRASBOURG, même Maison de Commerce, Grand'rue, N° 15.

IMPRIMERIE DE CHAIGNIEAU AÎNÉ.
1813.

TABLE PROVISOIRE

des Planches contenues dans la seconde Livraison de l'Œuvre du Poussin.

1. La Pénitence.   Pl. double.
2. Le Mariage.   Id.
3. L'Extrême-Onction.   Id.
4. L'Eucharistie.   Id.
5. L'Ordre.   Id.
6. Le Christ au Tombeau.
7. La Crêche * *.
8. La Sainte-Famille.
9. Le Mariage de la Vierge.
10. Le Frappement du Rocher*. Pl. doubl.
11. La Sainte-Famille *.
12. La Vierge, l'Enfant-Jésus et S. Joseph.
13. Le Crucifiement.   Pl. doubl.
14. L'Annonciation *.
15. Moyse exposé sur les eaux.
16. La Sainte-Famille * *.
17. La Fuite en Egypte *.
18. Moyse sauvé des eaux *.
19. La Vierge et l'Enfant-Jésus — L'Enfant-Jésus.
20. Le Christ mort.
21. Moyse sauvé des eaux * *.
22. La Vierge, l'Enfant-Jésus et le Petit-S. Jean.
23. La Sainte-Famille * * *.
24. La Crêche * * *.
25. La Sainte-Famille (a).
26. L'Assomption de la Vierge.
27. La Sainte-Famille **.
28. Le Baptême de Jésus-Christ.
29. La Sainte-Famille (b).
30. La Sainte-Famille (*).
31. La Sainte-Famille ⹀.
32. Adoration des Mages.
33. La Samaritaine.
34. La Sainte-Famille (**).
35. Le Triomphe de David.
36. Le Ravissement de S. Paul *.
37. La Vierge, l'Enfant-Jésus et S. Joseph *.
38. Châtiment du maître d'école de la ville des Falisques. Pl. doubl.
39. L'Arcadie.
40. Armide enlève Renaud endormi.
41. Jupiter, nourri par les Nymphes.
42. Renaud et Armide.
43. Daphné changée en laurier.
44. Rémus et Romulus.   Pl. doubl.
45. Léda.
46. Les Bergers d'Arcadie.
47. Vénus, l'Amour, Bacchus et Mercure dansent au son de la lyre d'Apollon.
48. Bacchanale.
49. Jupiter et Antiope.
50. Mars et Vénus.
51. Bacchanale *.
52. Frontispice des Œuvres de Virgile.
53. Le Christ au Tombeau.
54. Phaéton demande à Apollon la conduite de son char.
55. Frontispice des Œuvres d'Horace.
56. Le Paradis terrestre, paysage. — Pl. double.
57. Booz et Ruth, paysage. — Pl. doubl.
58. Paysage * *.   Pl. doubl.
59. Le Coup de vent, paysage.—Pl. doubl.

SUITE
DE
L'OEUVRE DU POUSSIN.

AVIS DE L'ÉDITEUR.

Nous avons annoncé dans le Prospectus de cet ouvrage que chaque volume serait composé de 72 planches, dont quelques-unes, doubles, seraient comptées pour deux, selon l'usage. Le nombre prescrit se trouve complété, dans ce volume de l'œuvre du Poussin, par 46 planches simples et 13 planches doubles. Ces dernières sont : 1° la Pénitence ; 2° le Mariage ; 3° l'Extrême-Onction ; 4° l'Eucharistie ; 5° l'Ordre ; 6° le Frappement du Rocher ; 7° le Crucifiement ; 8° Châtiment du Maître d'école de la ville des Falisques ; 9° Rémus et Romulus ; 10° le Paradis terrestre ; 11° Booz et Rhuth ; 12° Paysage ** ; 13° le Coup de vent.

Mais afin que les Souscripteurs ne perdent pas de vue ce qui distingue les planches doubles, puisqu'elles sont sans pli, nous croyons nécessaire de rappeler, comme nous l'avons fait dans les volumes précédens, que l'ouvrage avait d'abord été conçu et annoncé dans un plus petit format in-4°, où les planches doubles eussent été pliées ; mais que depuis, pour éviter cet inconvénient, nous nous sommes décidés à faire paraître ce Recueil (sans néanmoins en augmenter le prix) sous un plus grand format. Ce changement ajoute aux frais de l'Editeur ; mais comme il devait contribuer à l'agrément de l'ouvrage, nous n'avons pas hésité à l'adopter. Au surplus, les planches doubles seraient faciles à distinguer, par leur dimension et l'importence du sujet, quand même nous n'aurions pas pris la précaution de les désigner nominativement, en tête de chaque livraison.

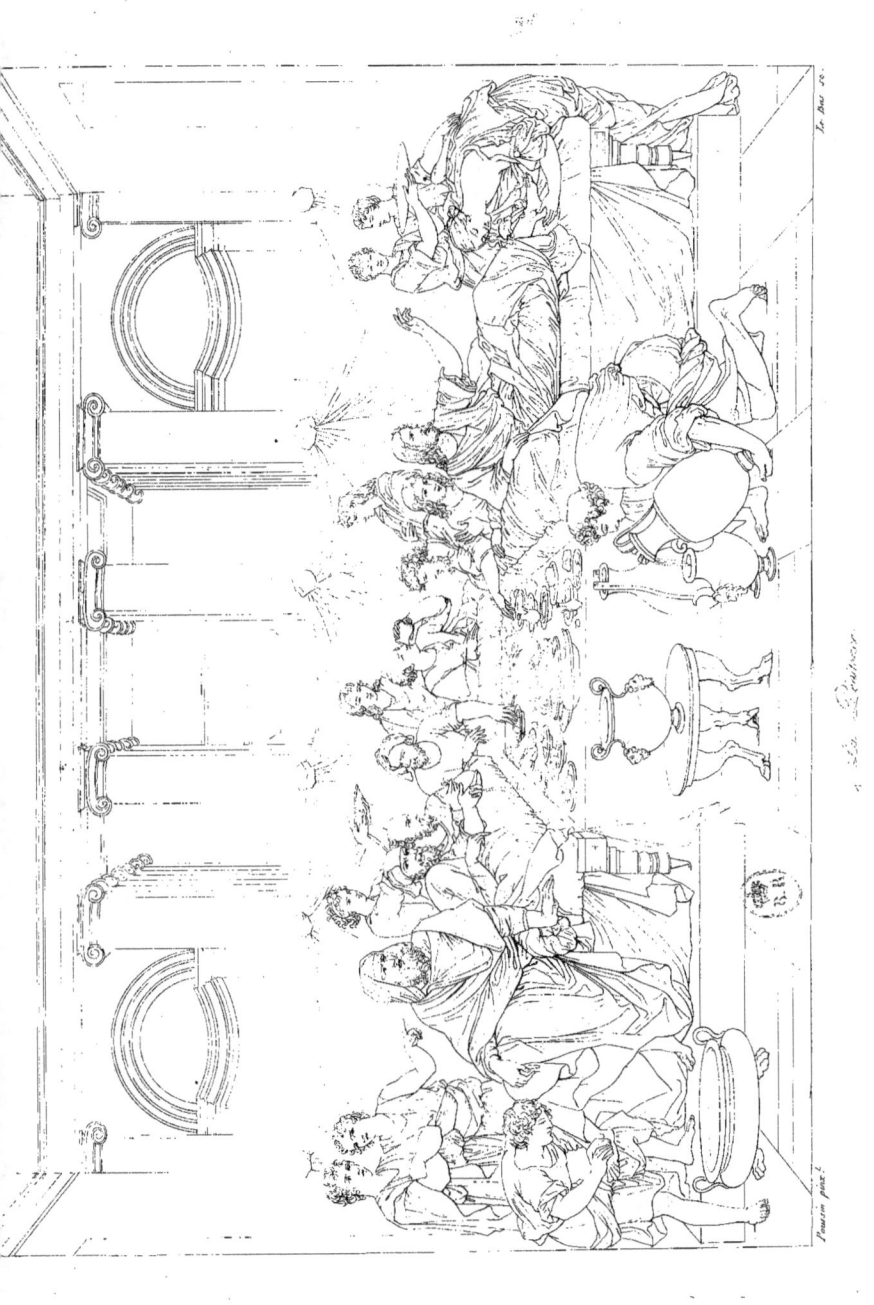

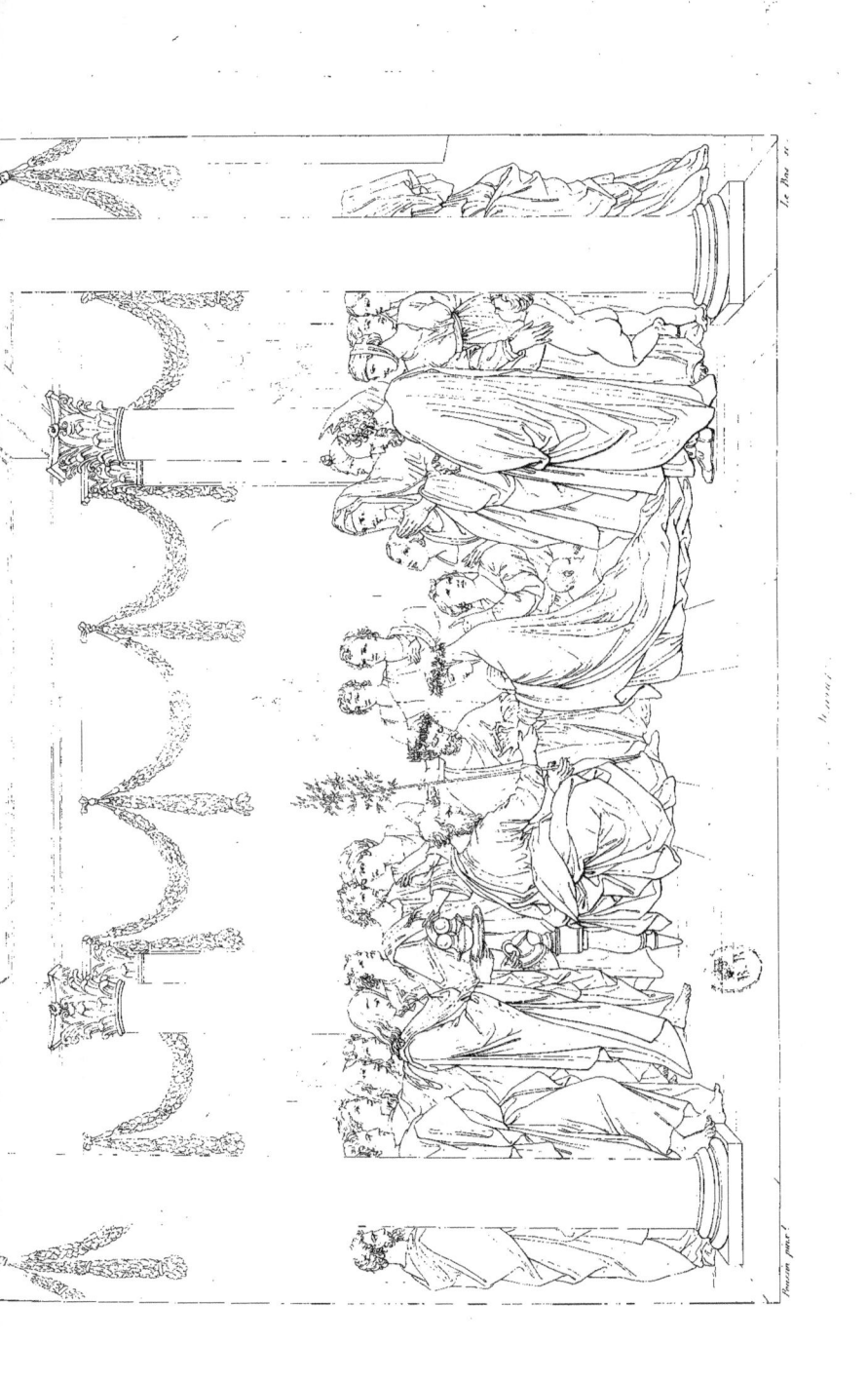

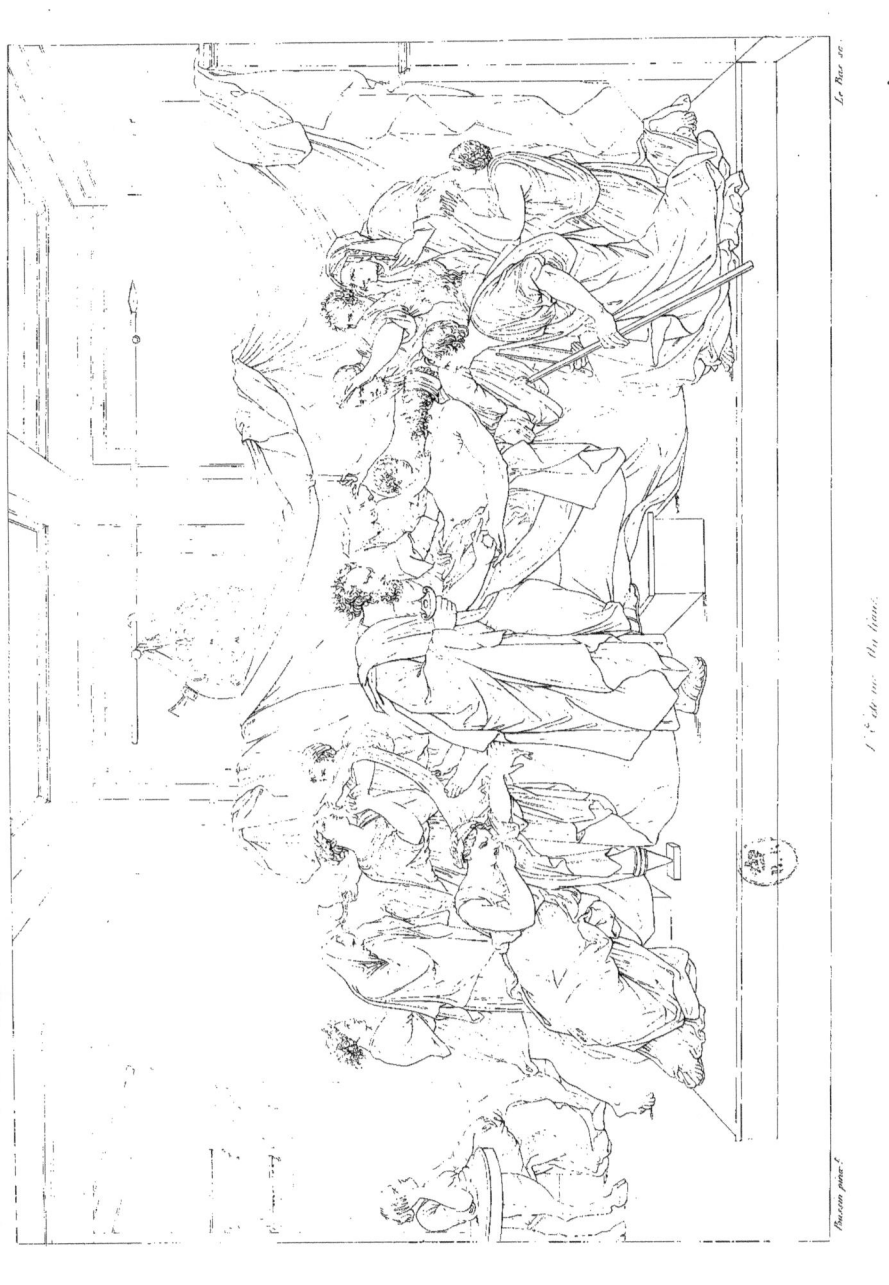

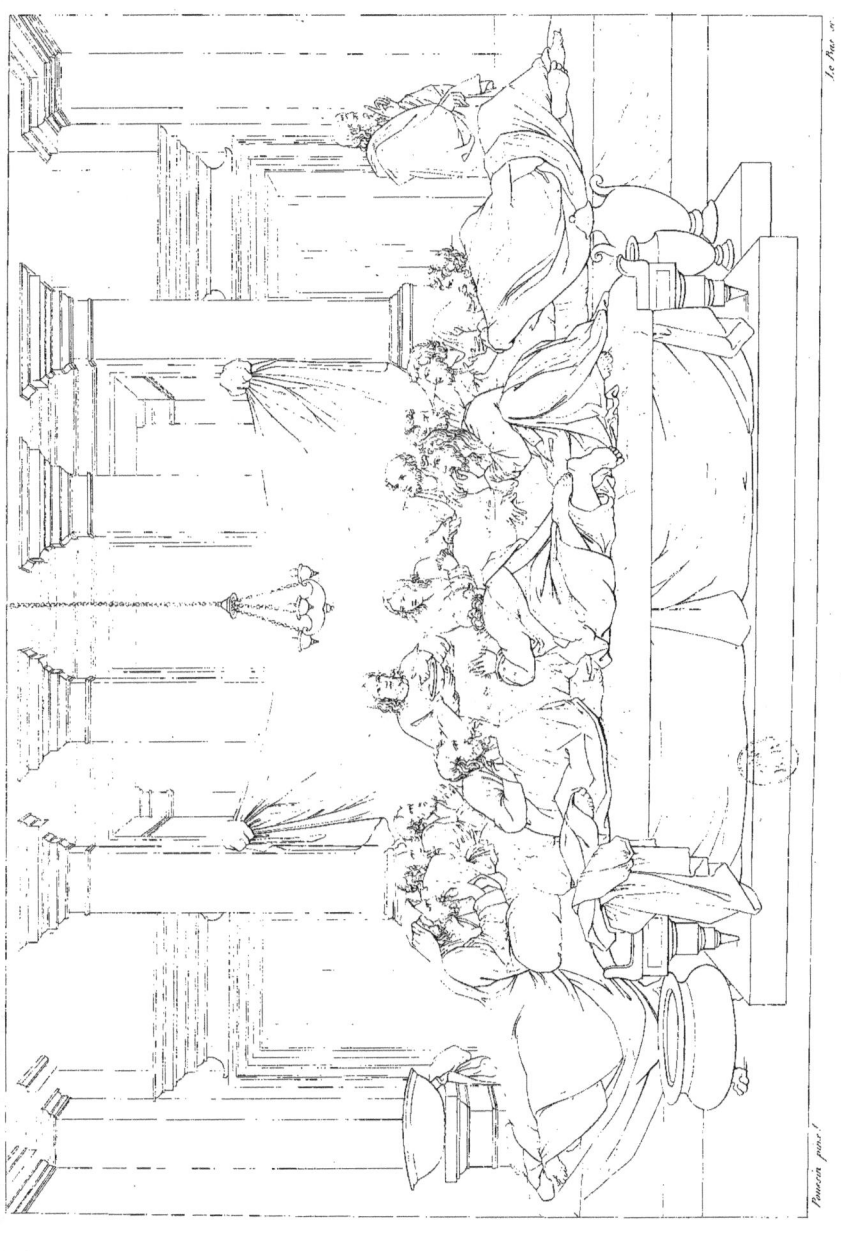

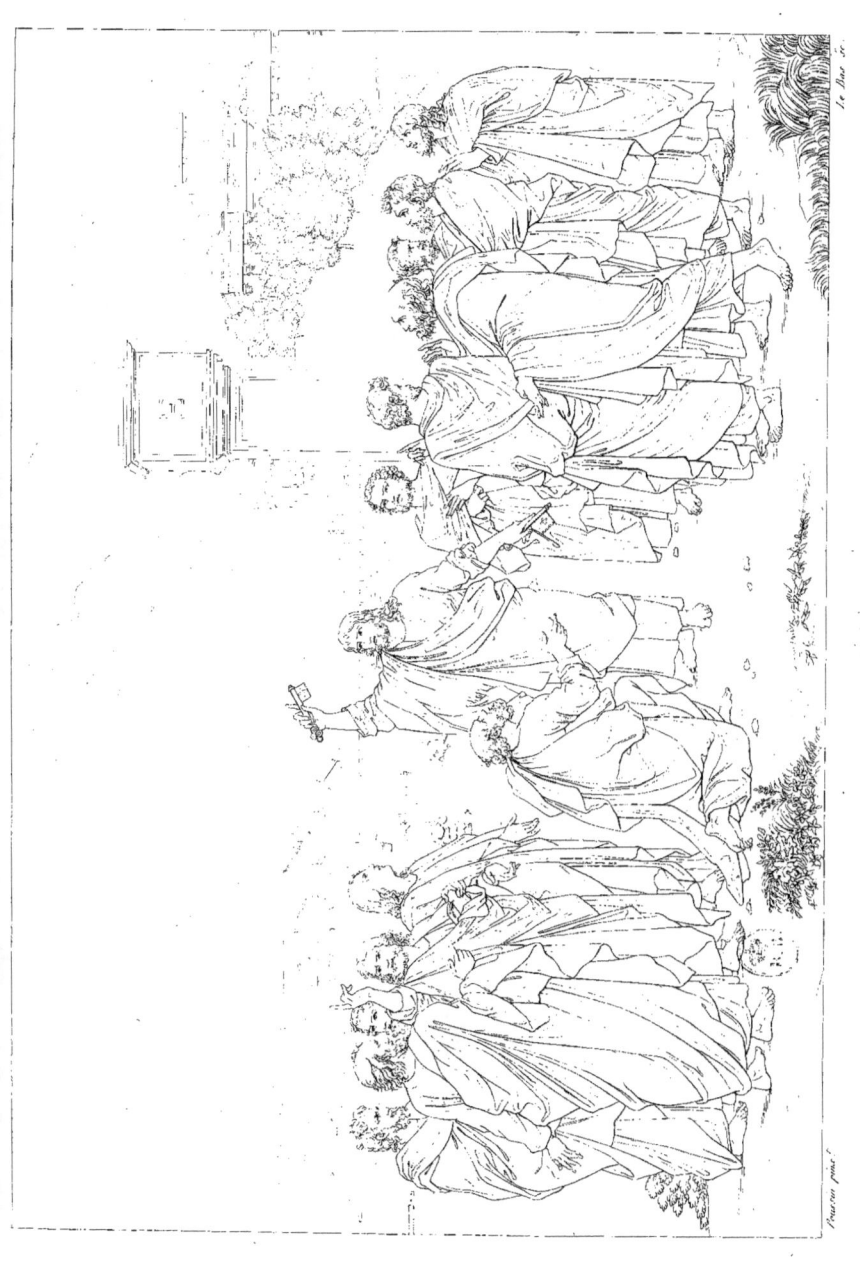

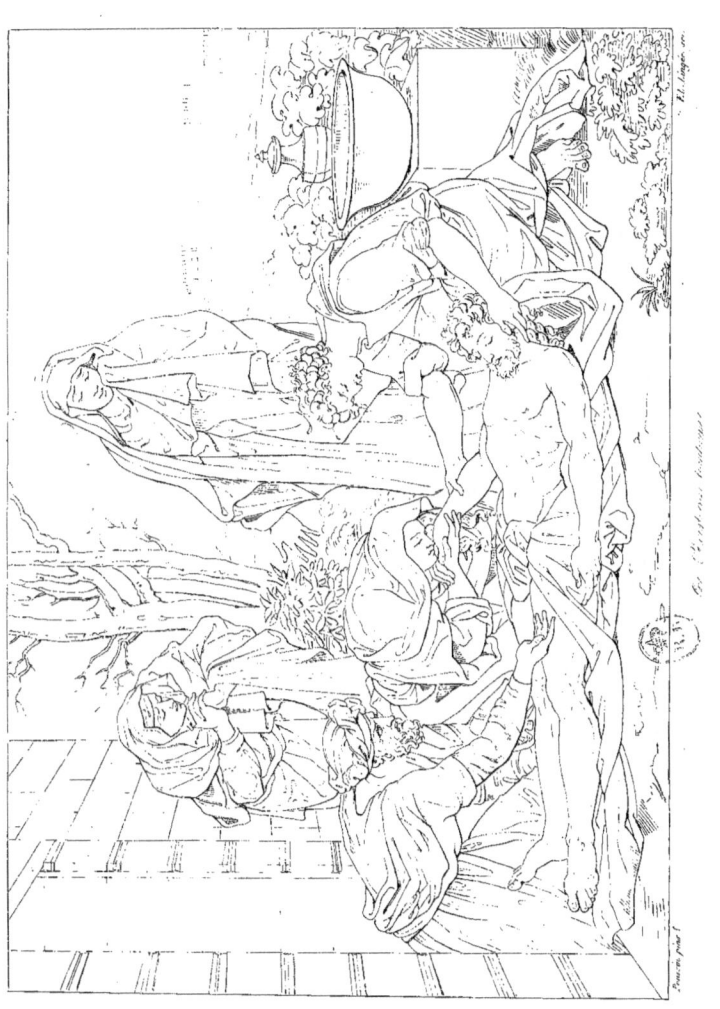

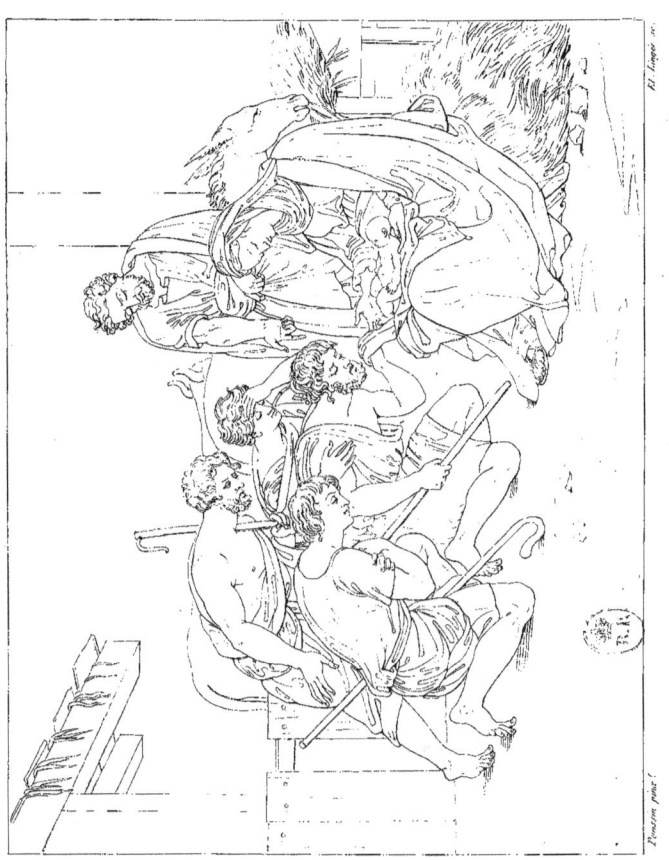

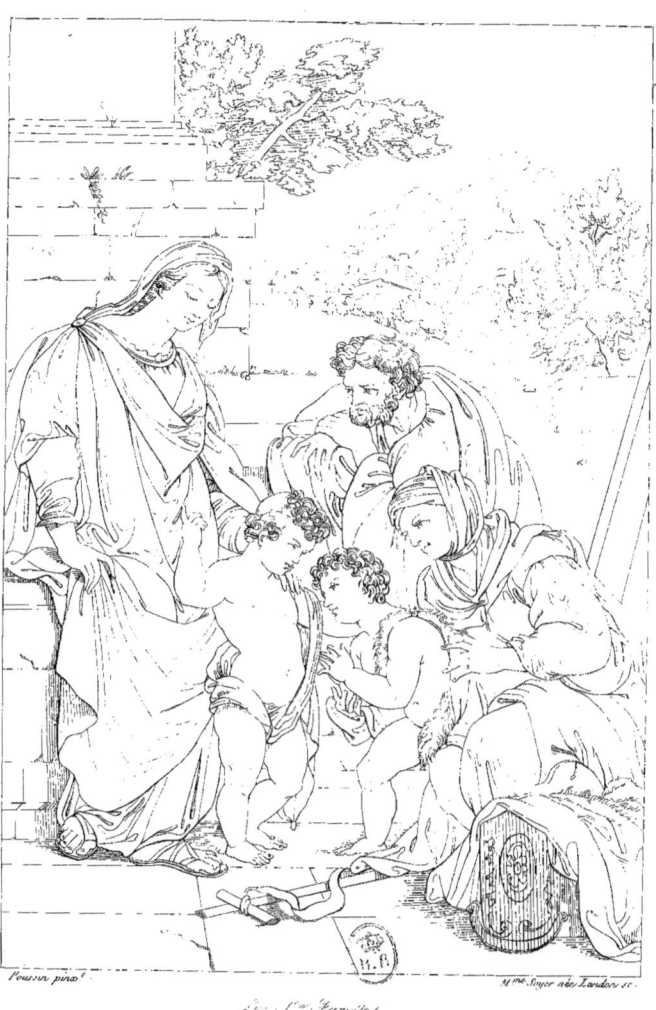

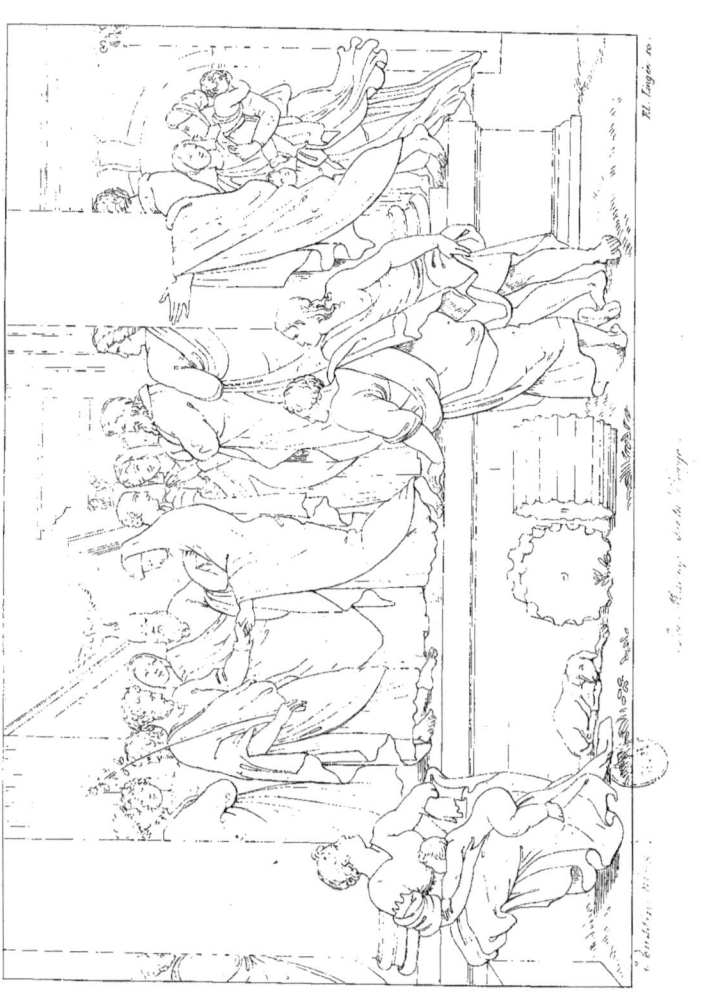

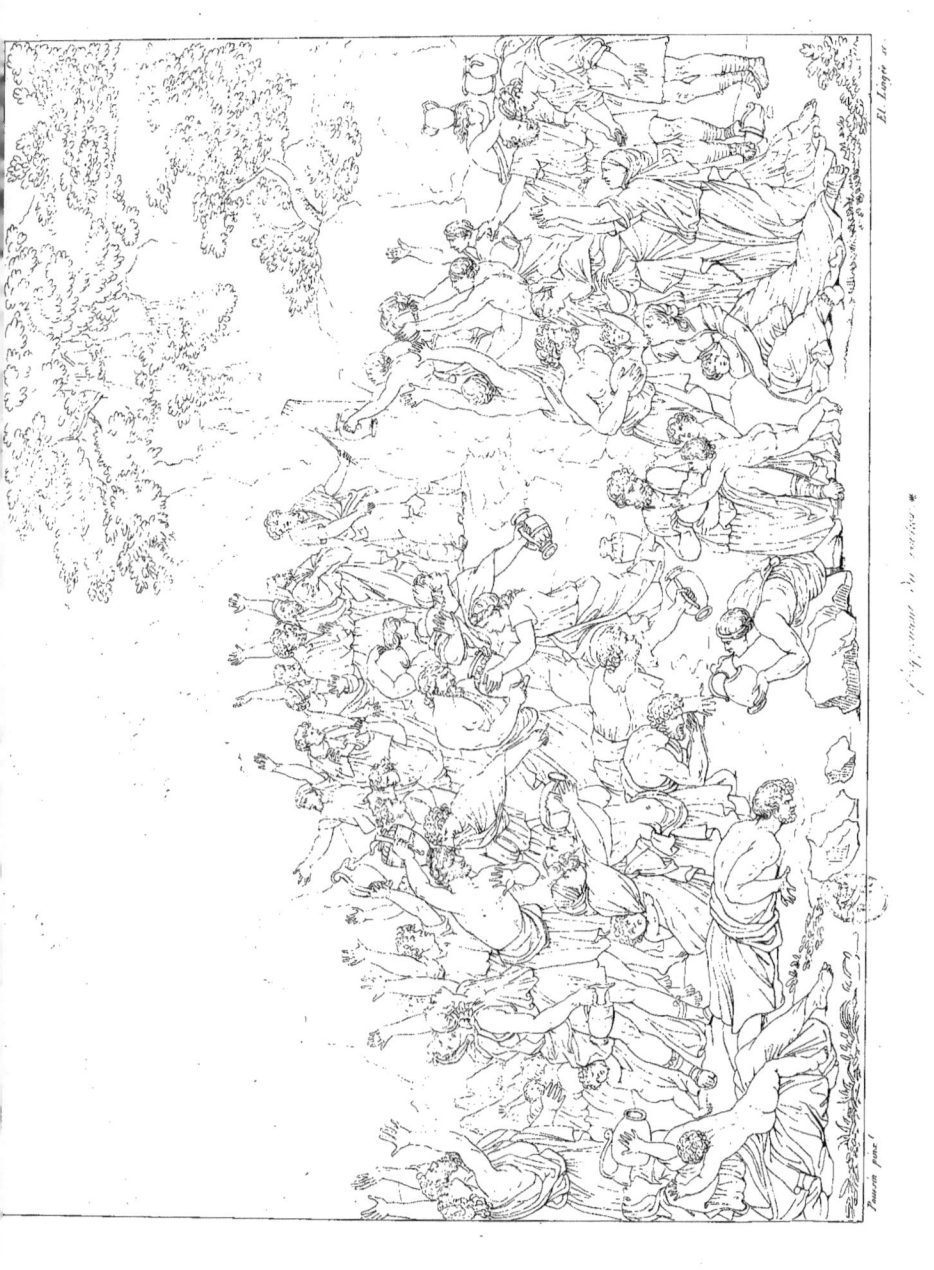

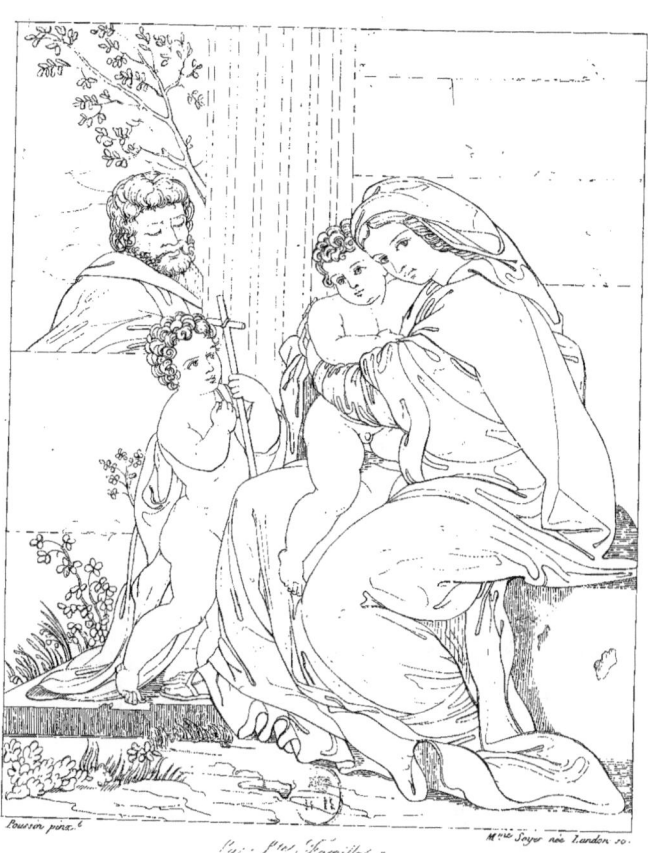

Poussin pinx.t   M.me Soyer née Landon sc.

Ste. Famille.

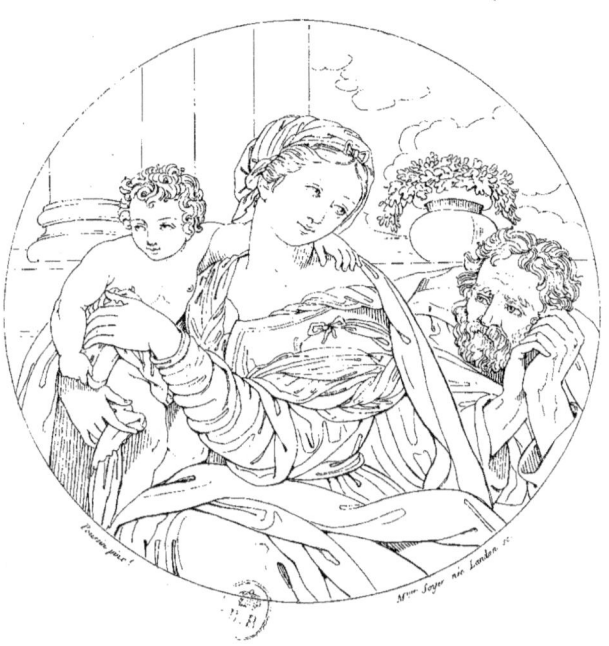

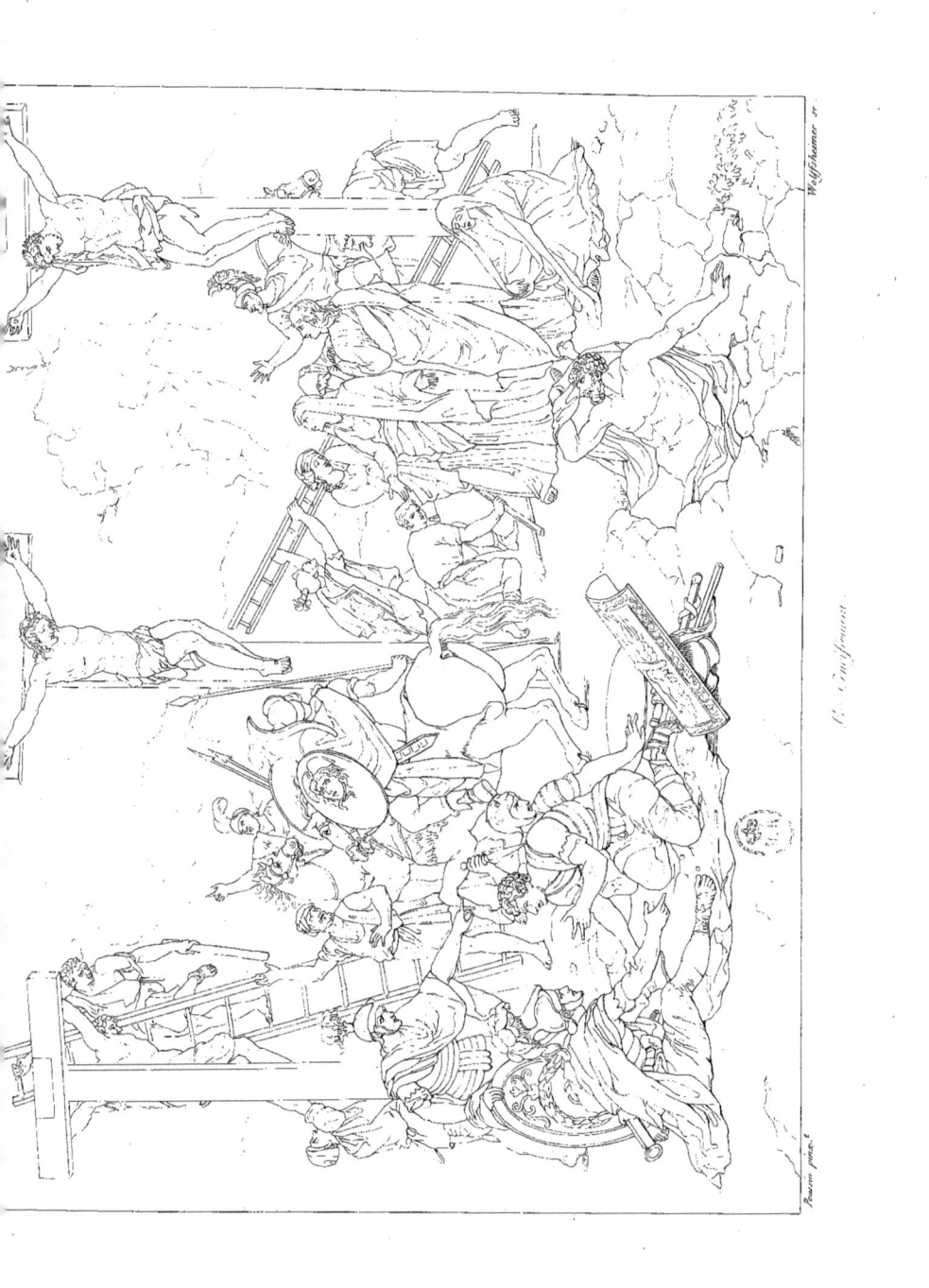

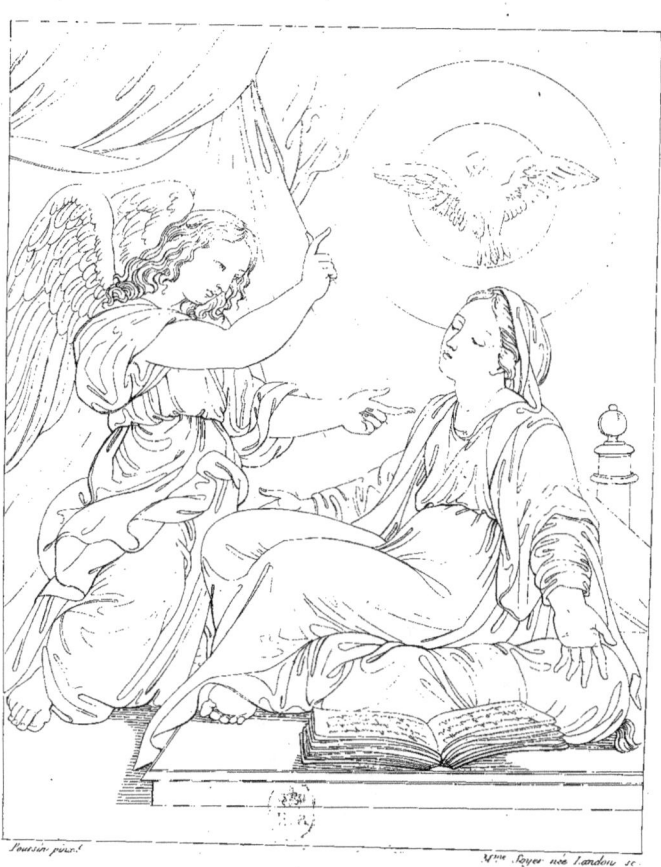

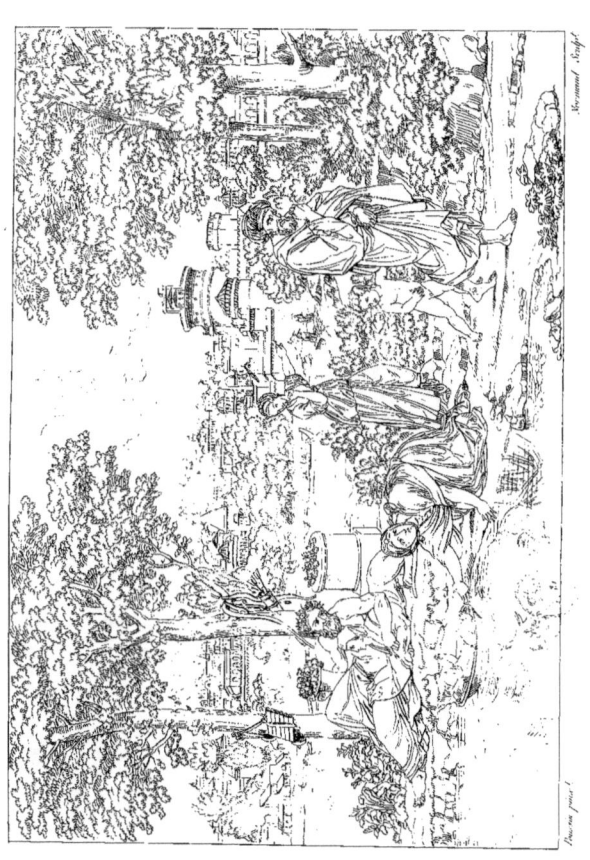

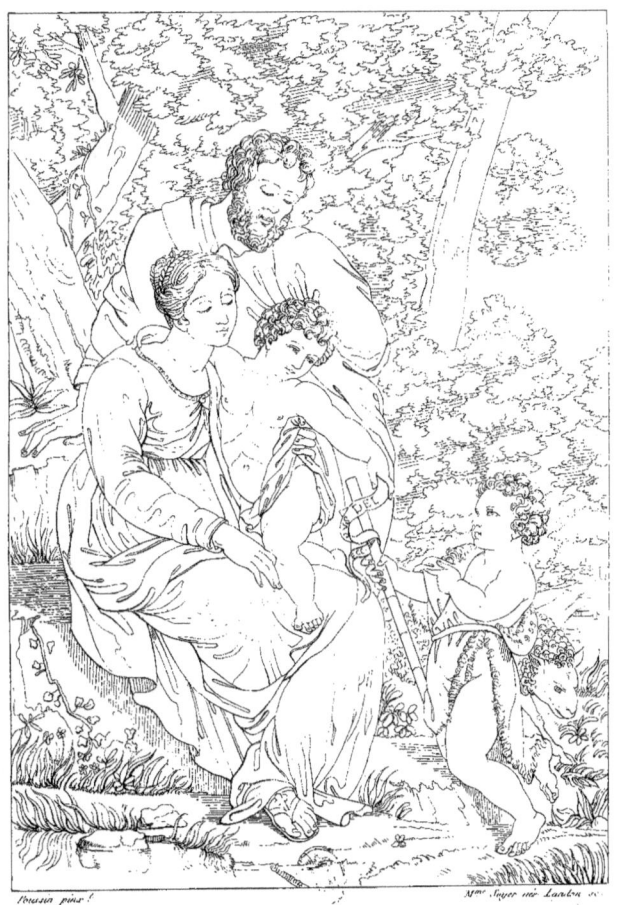

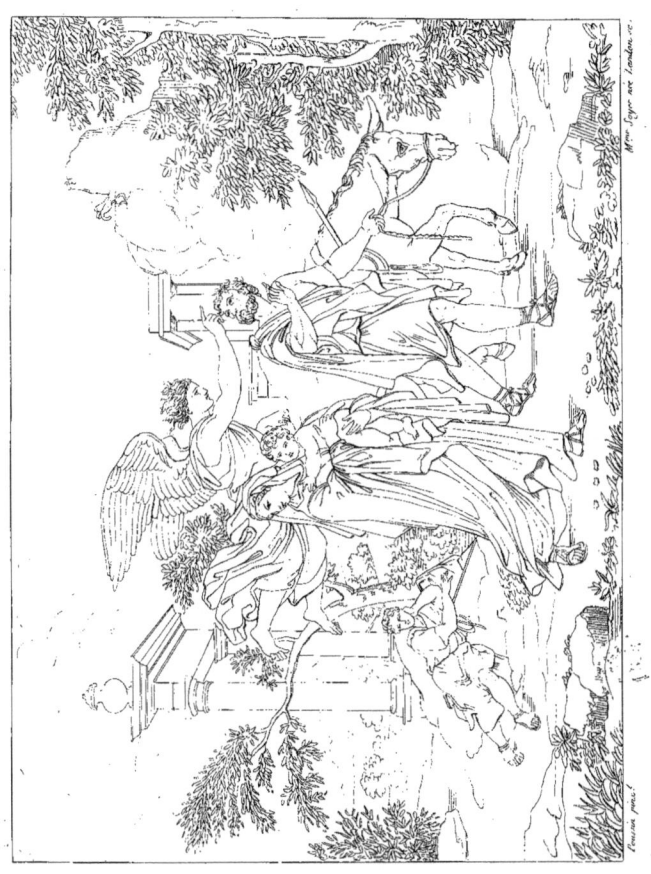

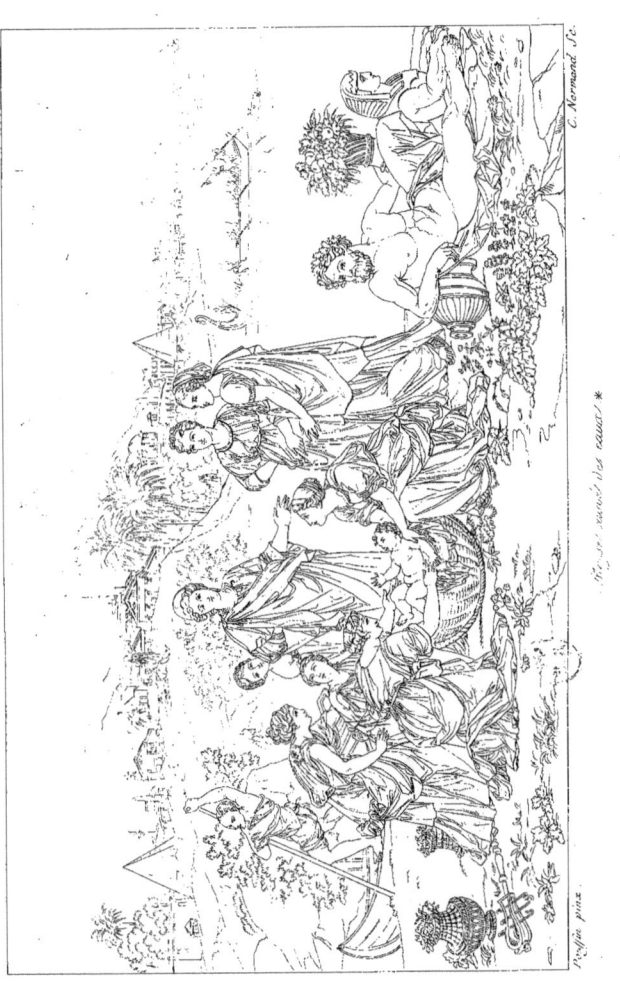

P. ssfin pinx. C. Normand Sc.

Heureux savoir des eaux!

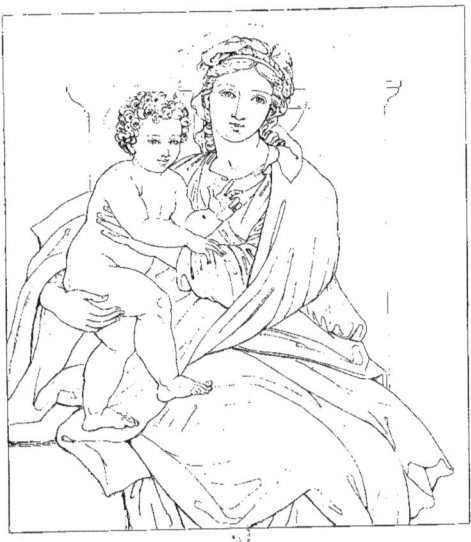

La Vierge et l'Enfant Jésus.

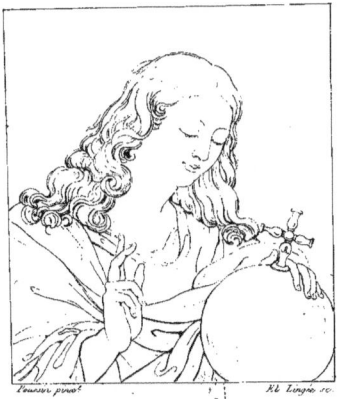

L'Enfant Jésus.

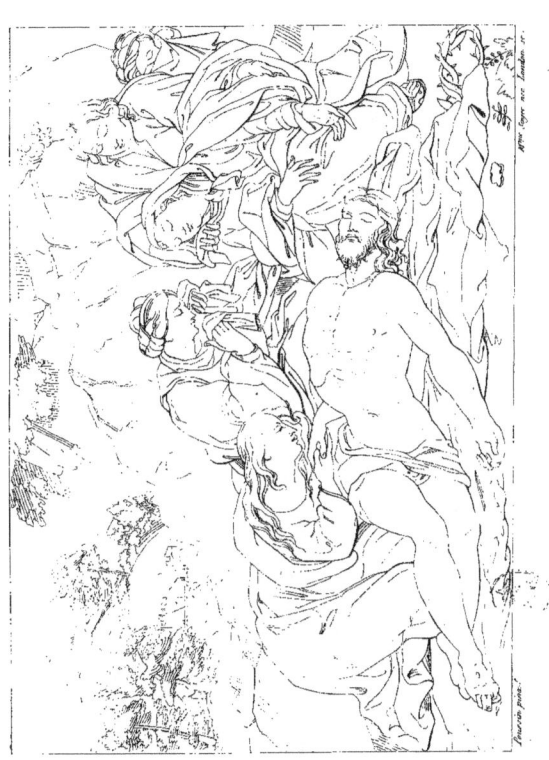

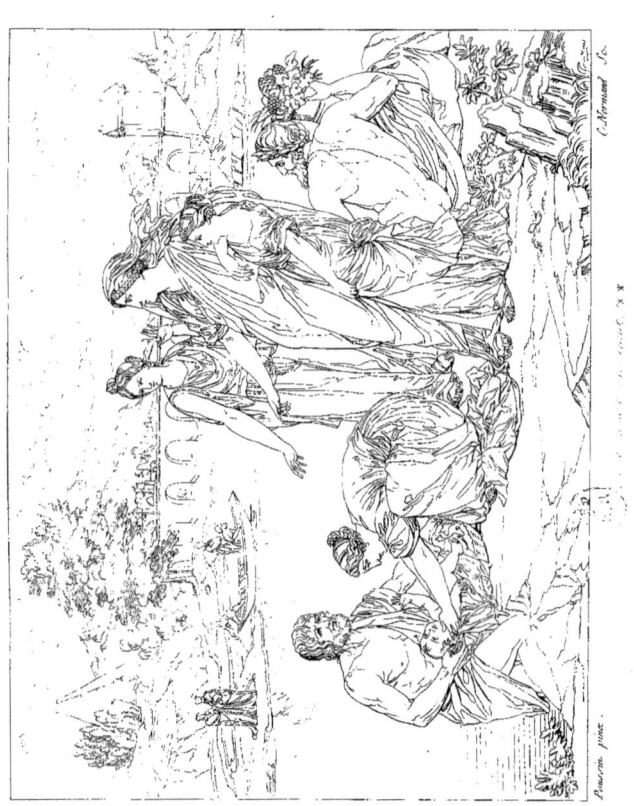

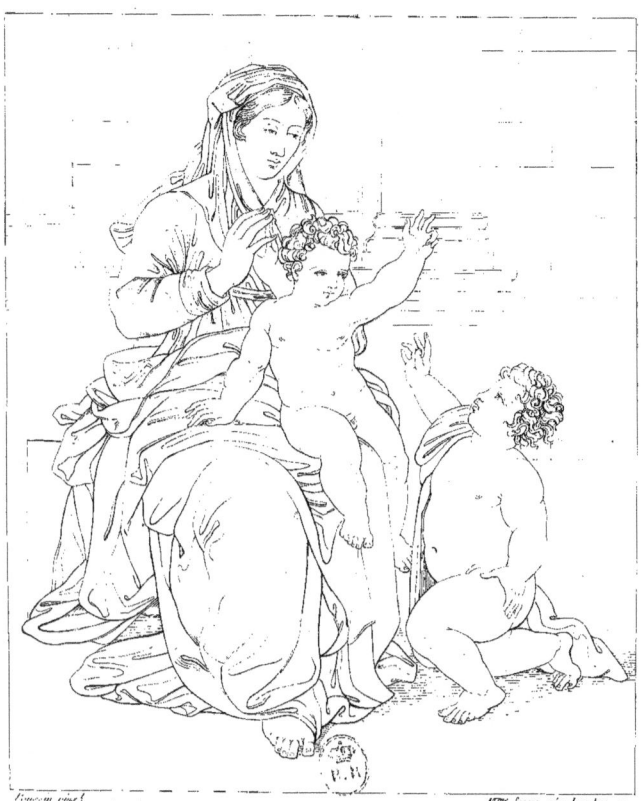

La Vierge, l'Enfant Jésus et saint Jean.

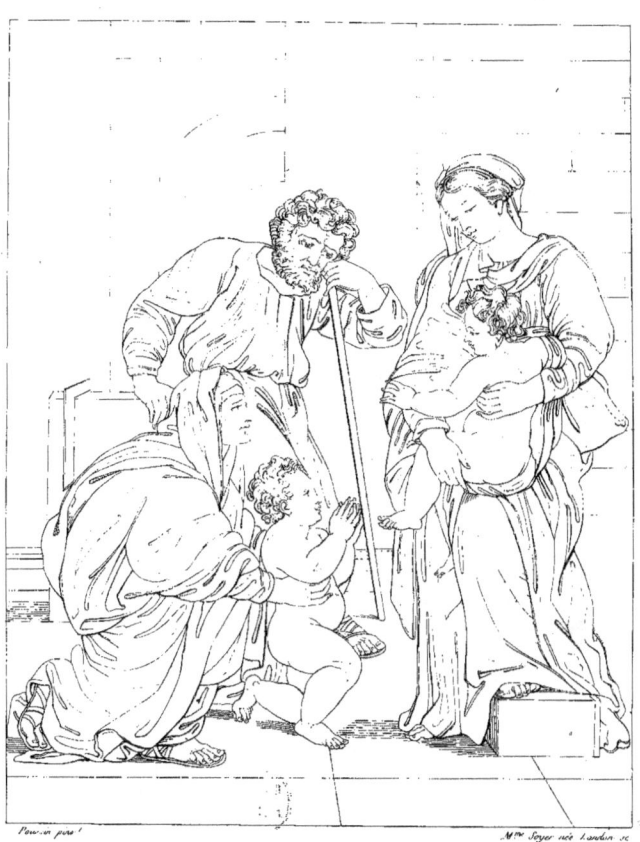

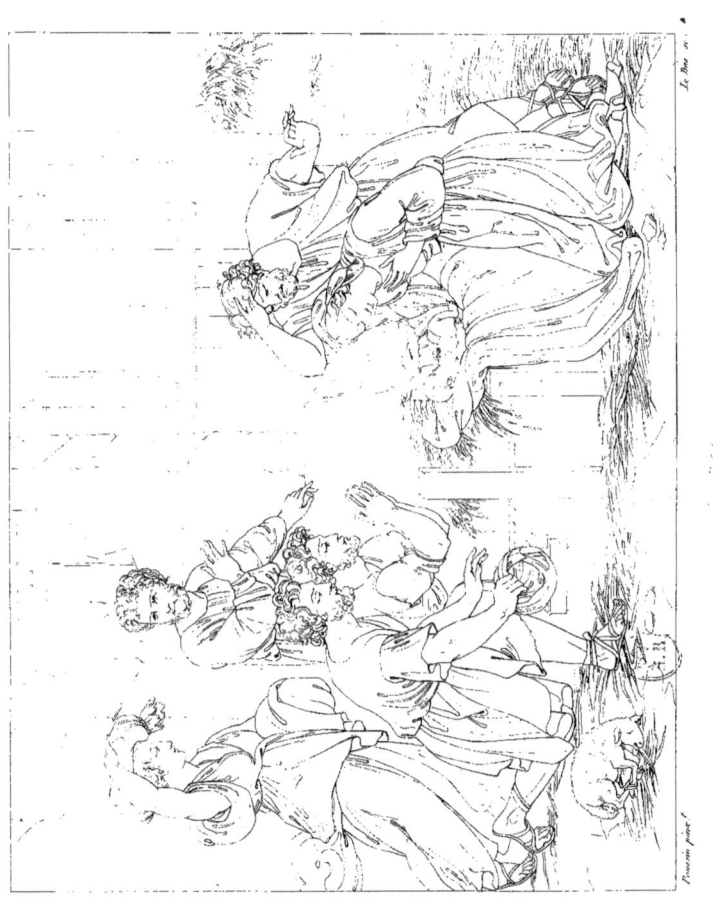

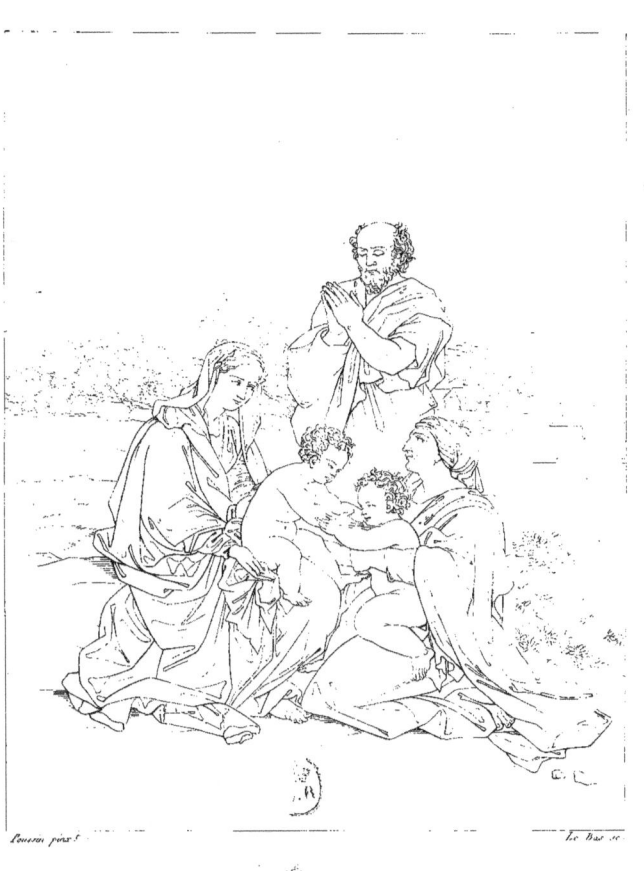

Poussin pinx.t   Le Bas sc.

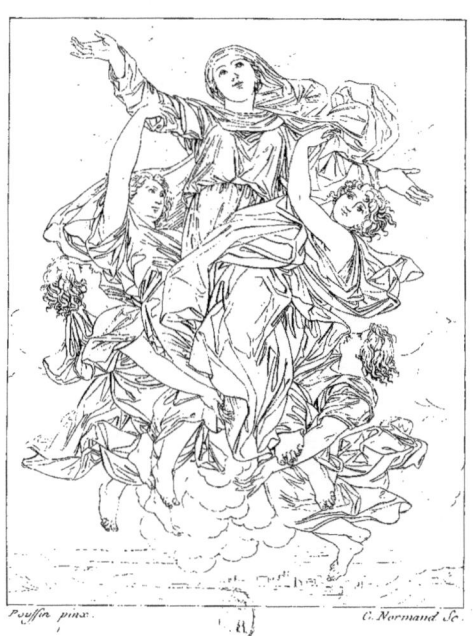

Poussin pinx.   C. Normand Sc.

L'Assomption de la Vierge.

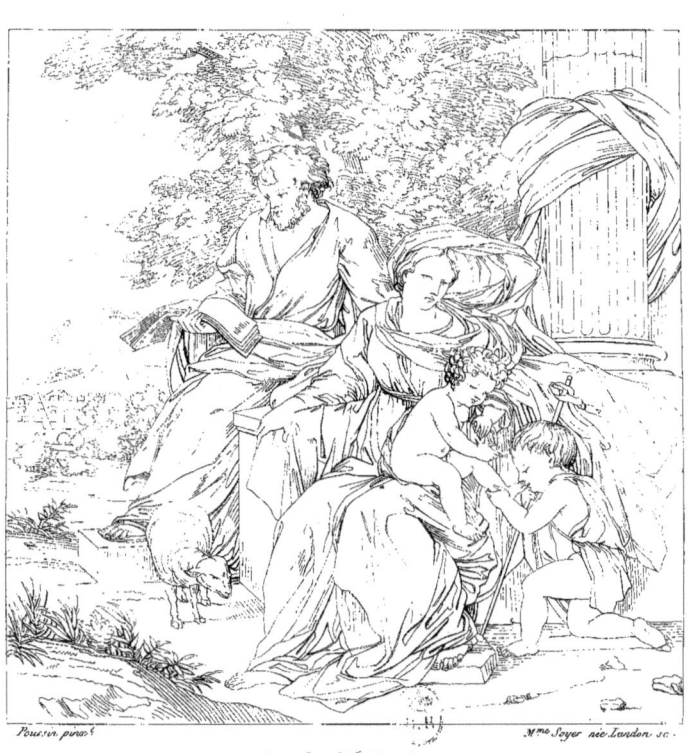

Poussin pinx.t   M.me Soyer née Landon sc.

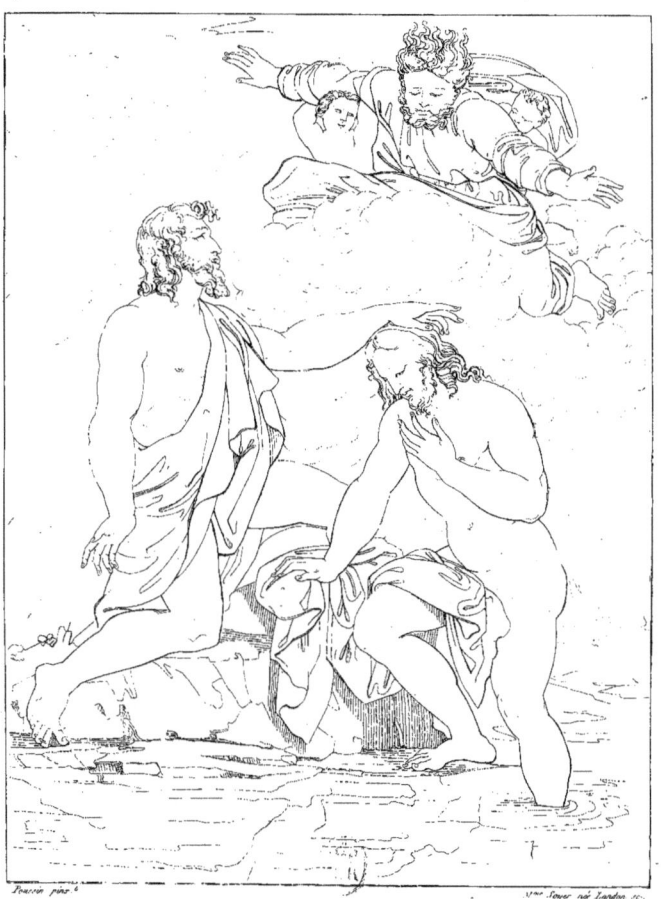

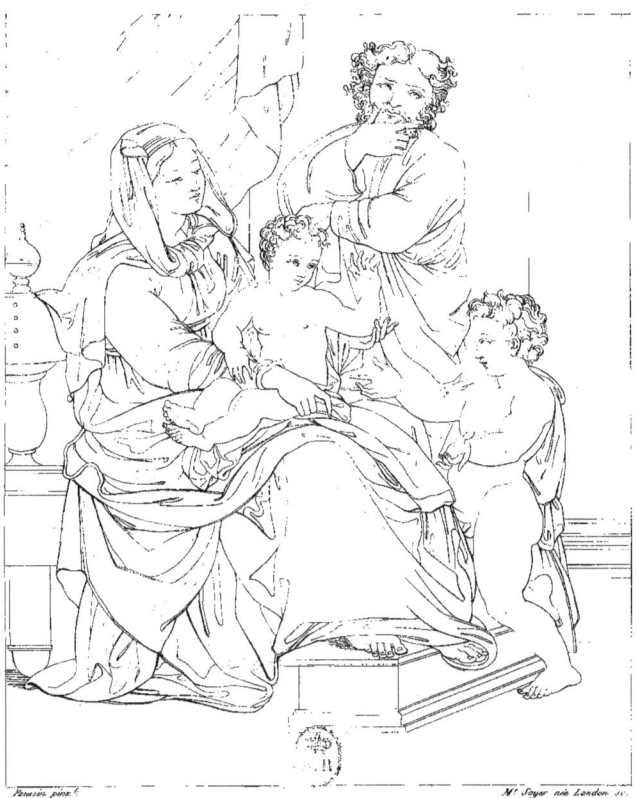

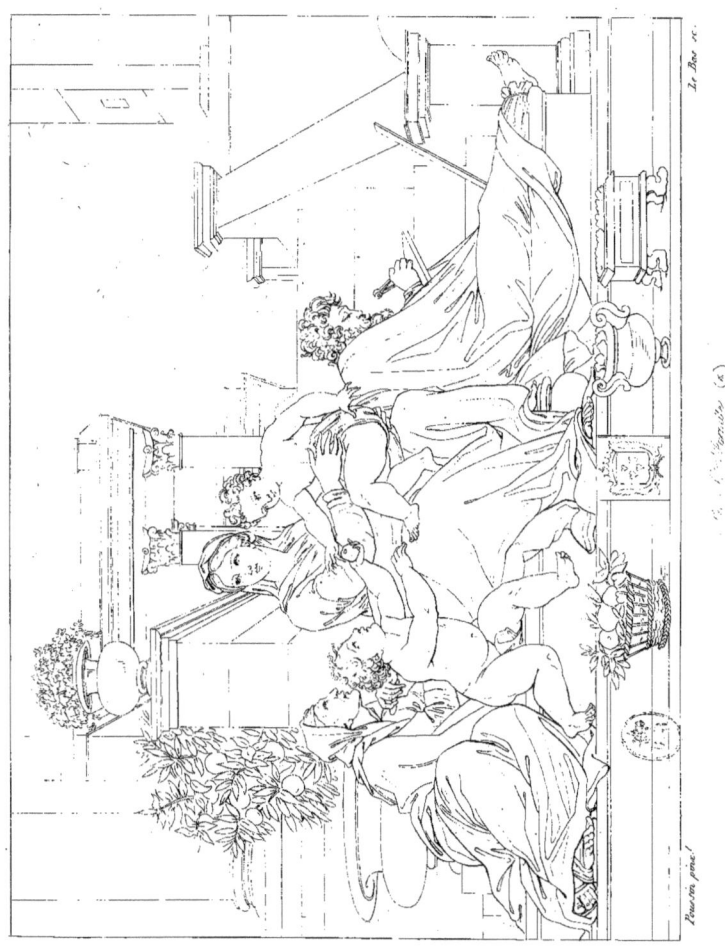

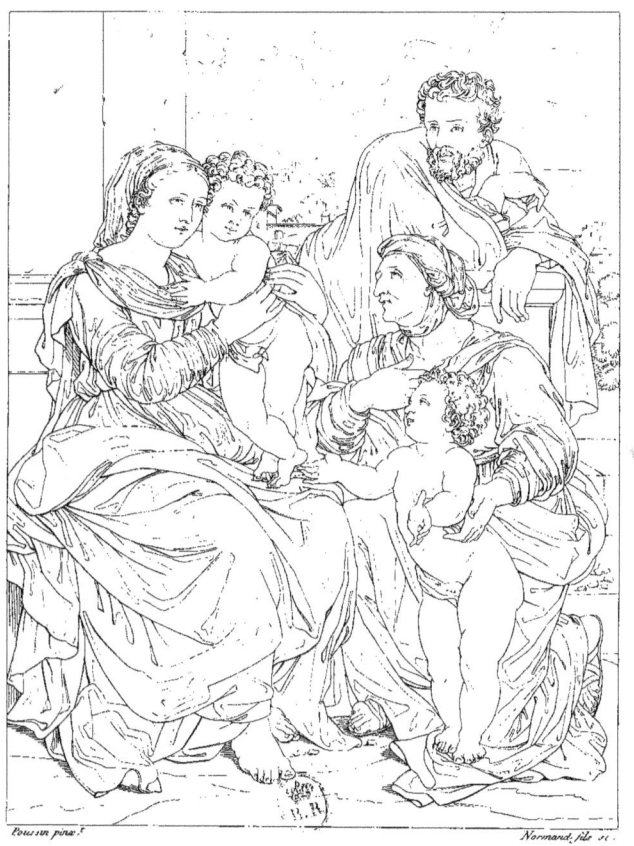

La S.te Famille

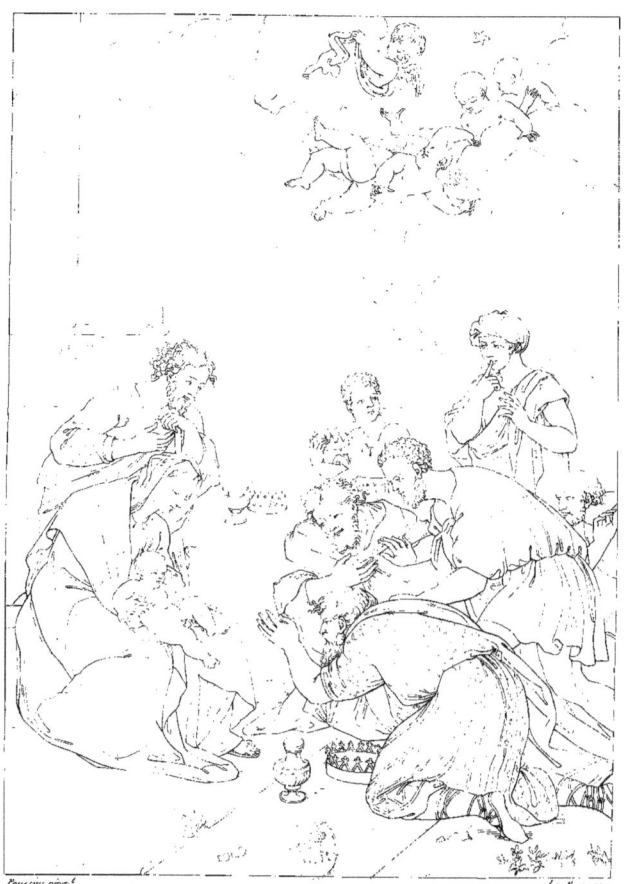

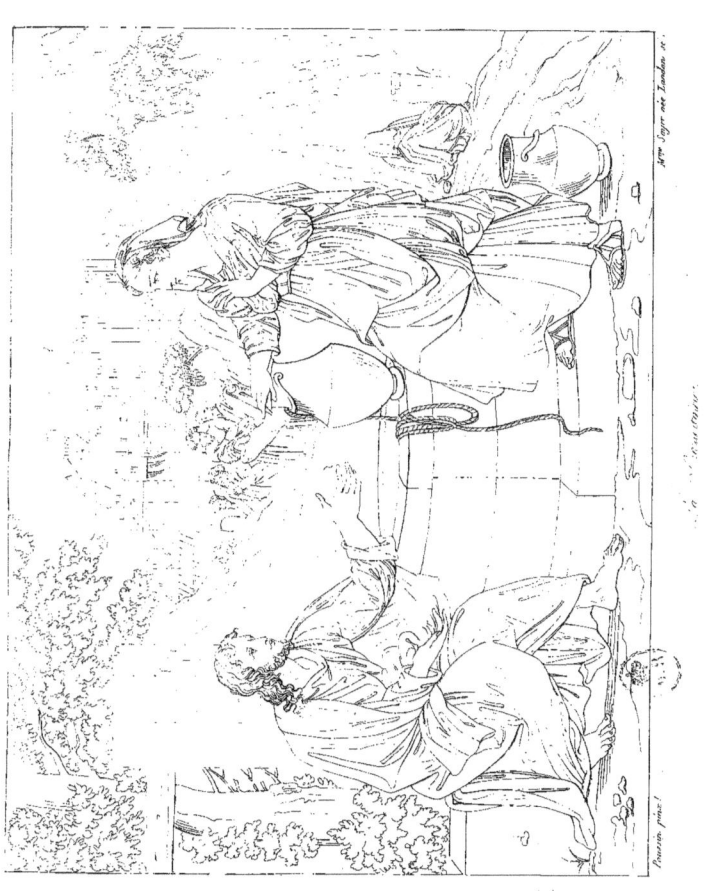

Poussin pinx.t
M.me Soyer née Lemire sc.
A REBECCA

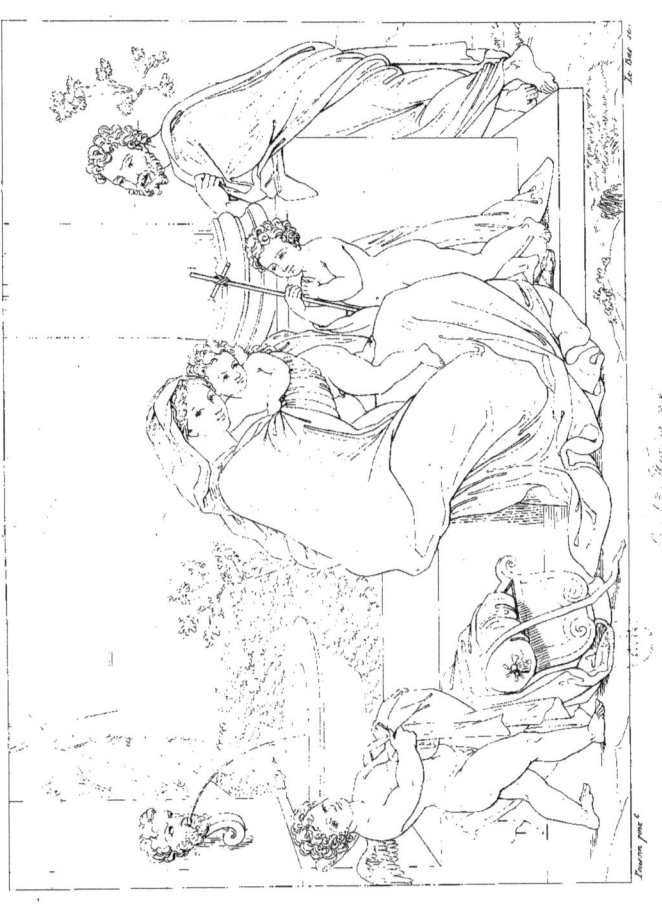

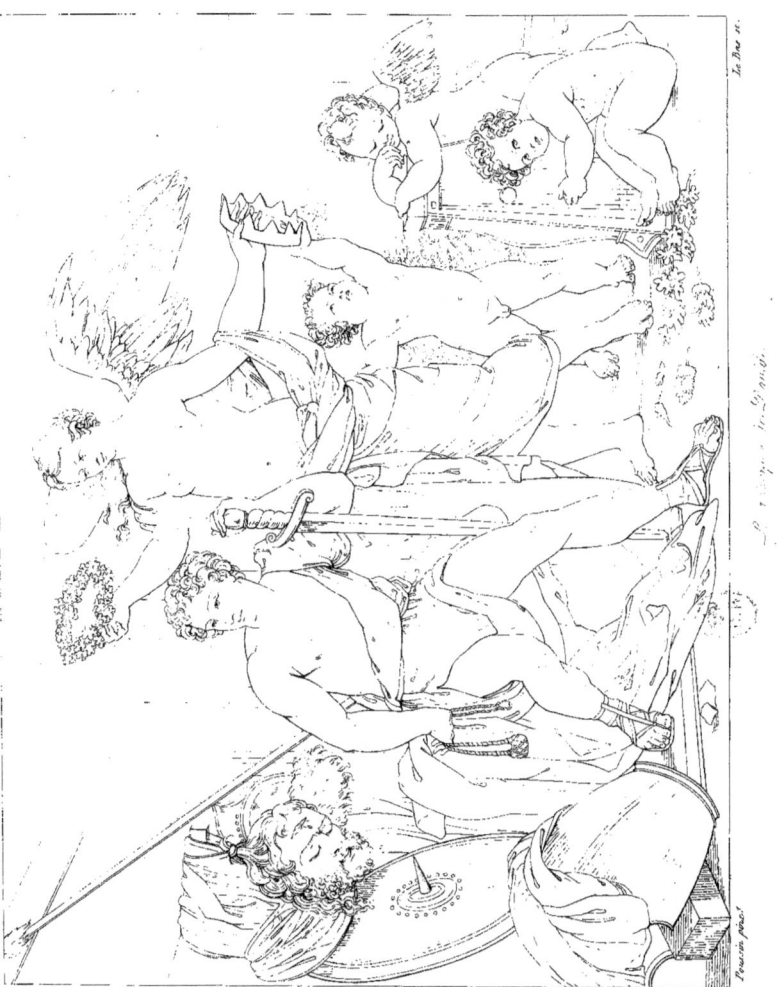

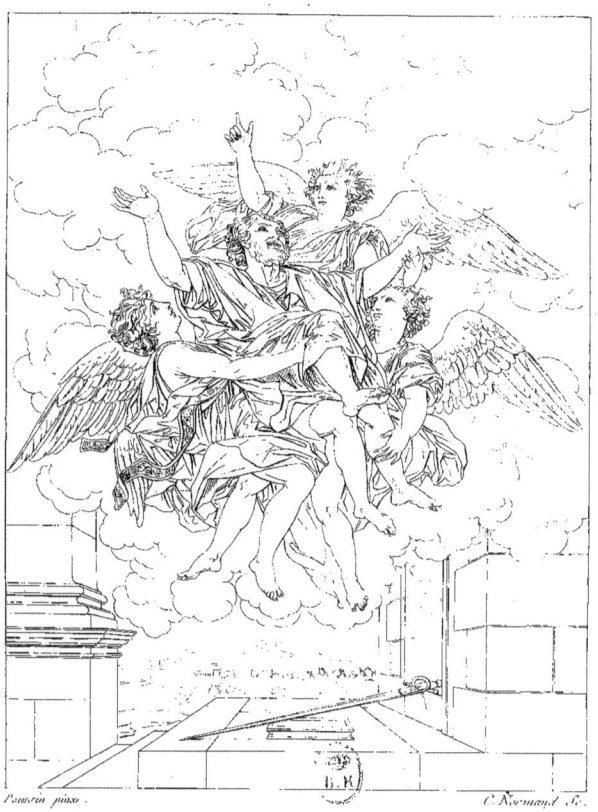

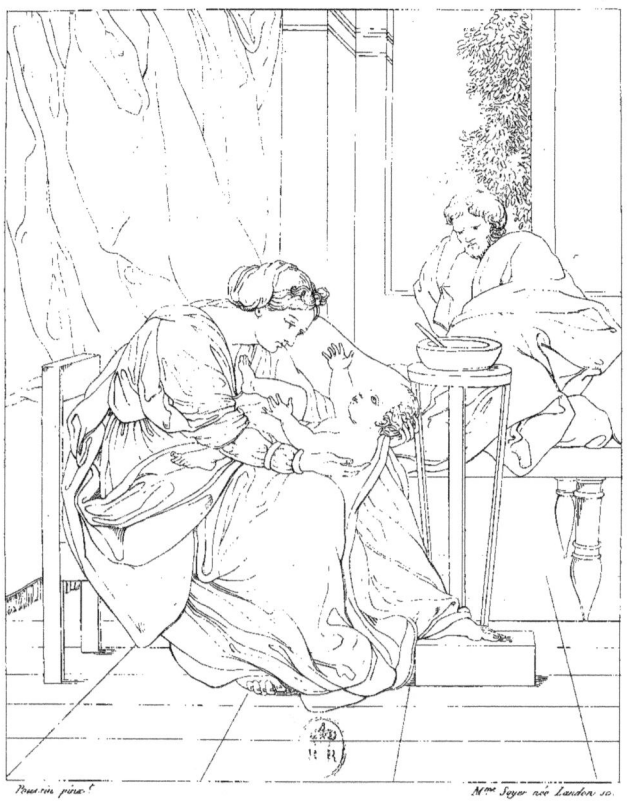

Poussin pinx.^t   Mme Soyer née Landon sc.

La Vierge, l'Enfant Jésus et St Joseph.

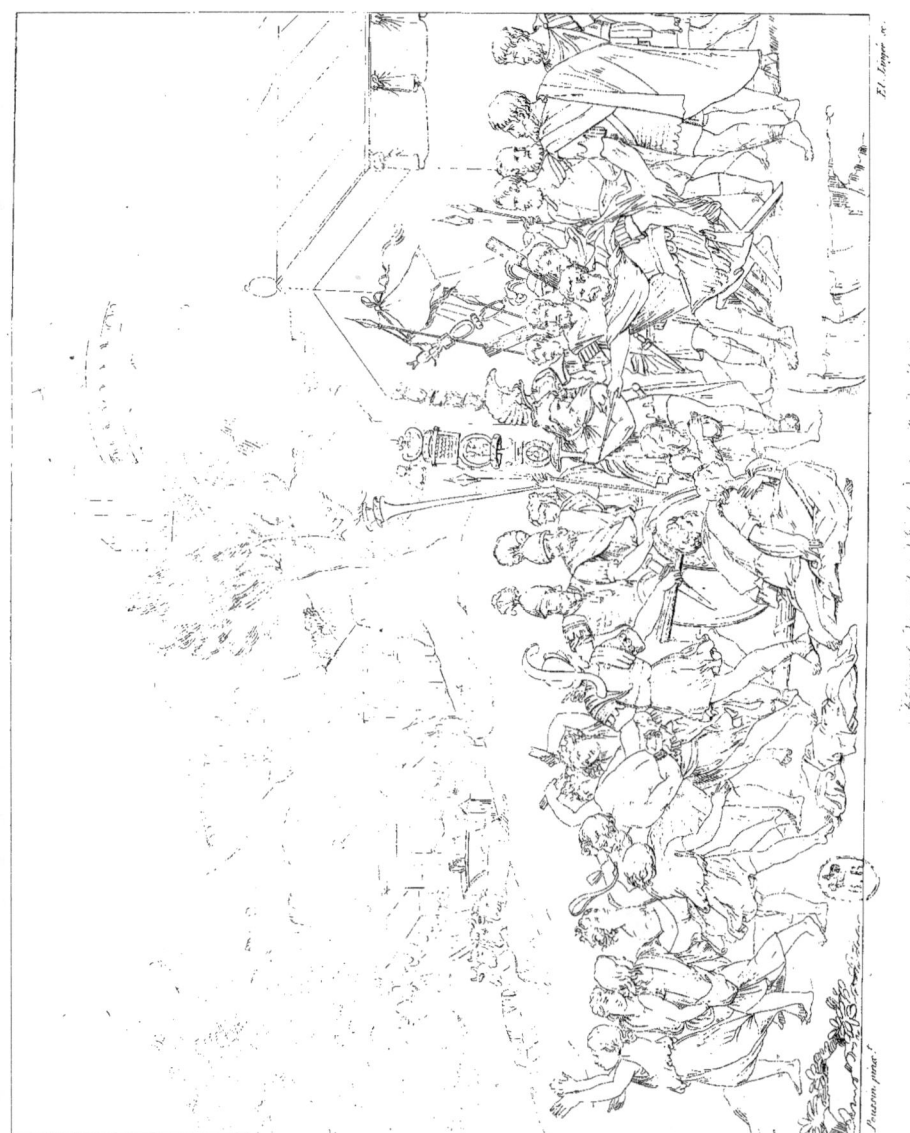

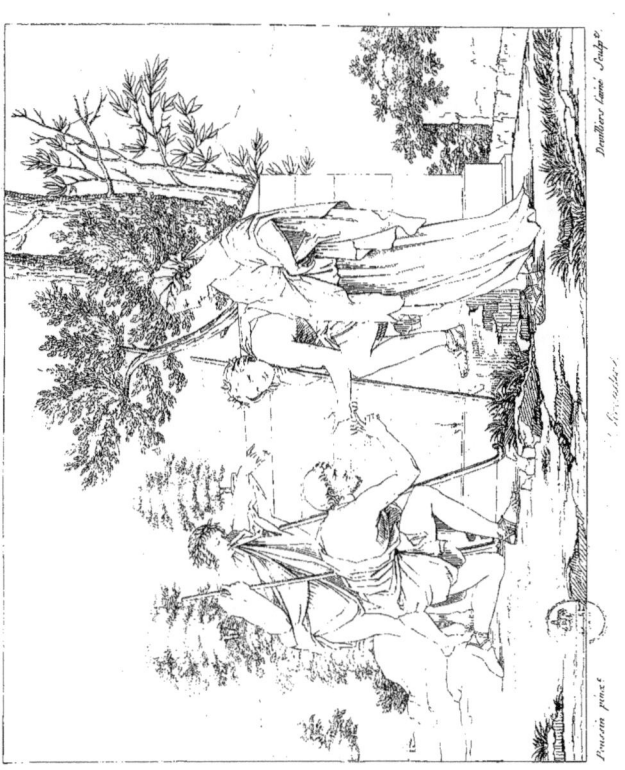

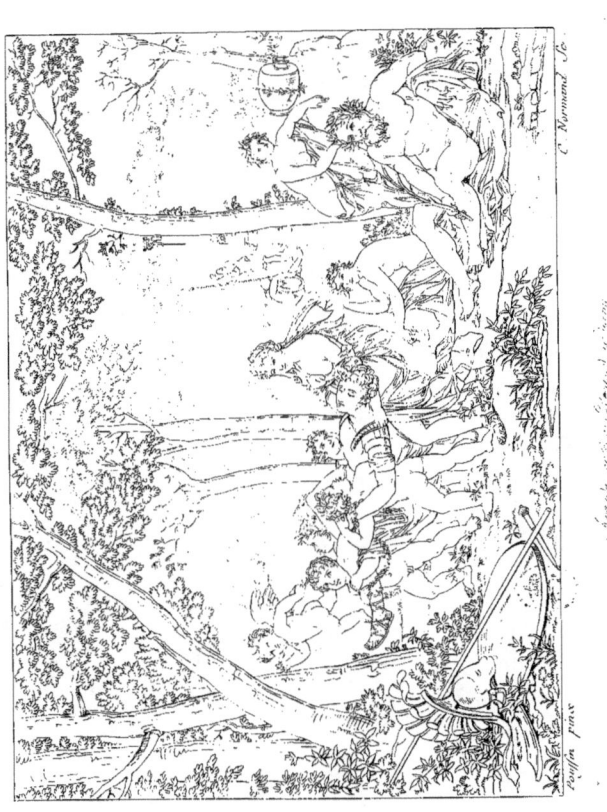

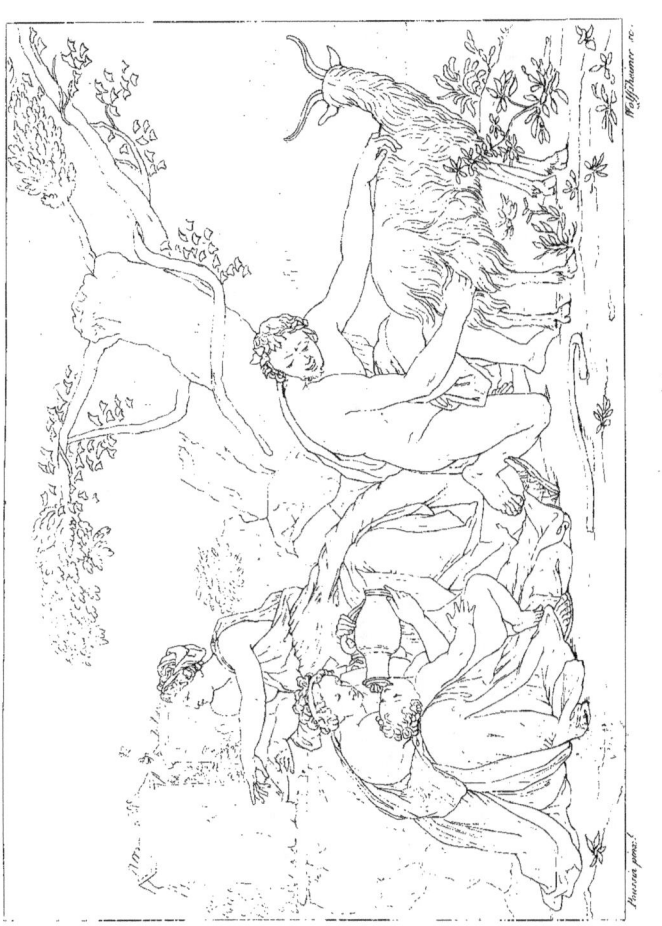

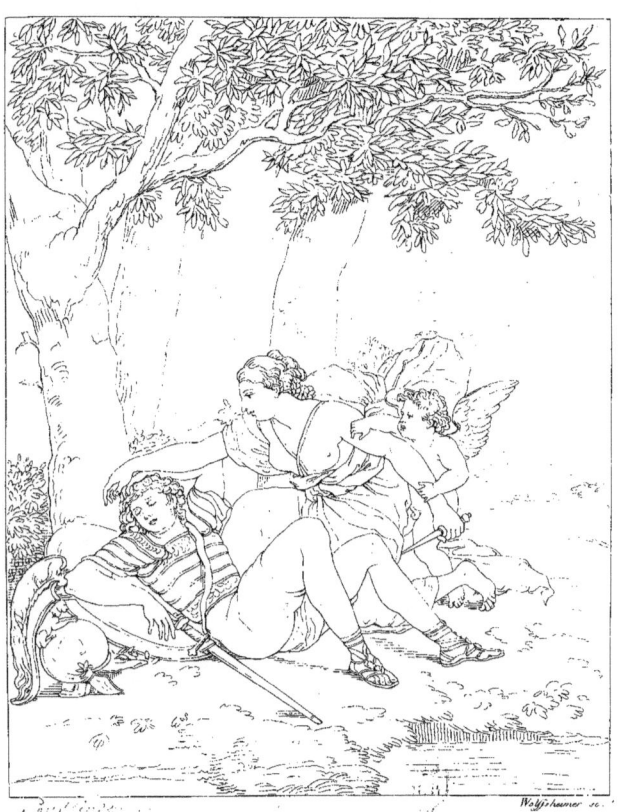

Renaud et Armida.

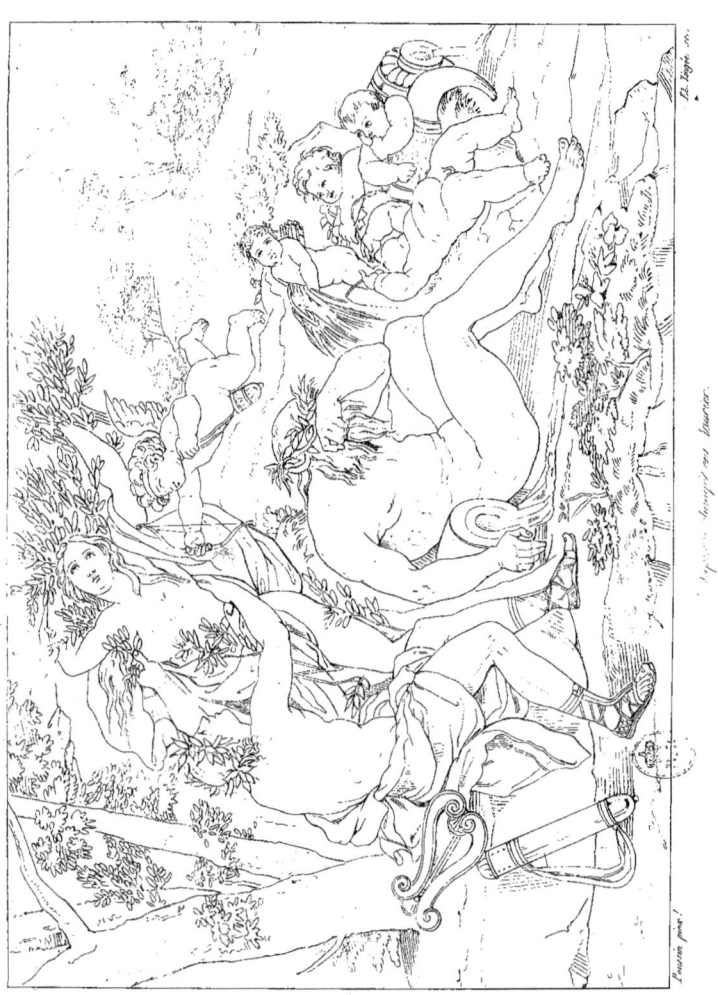

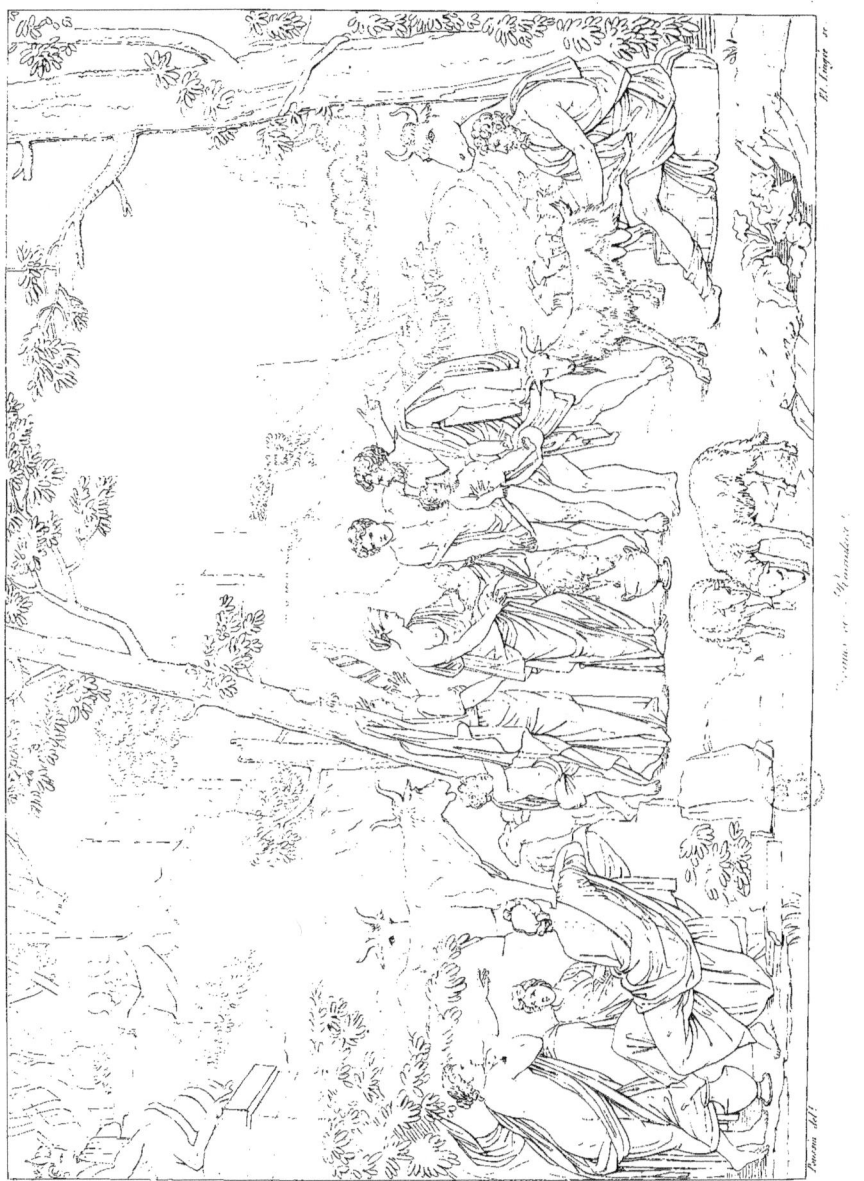

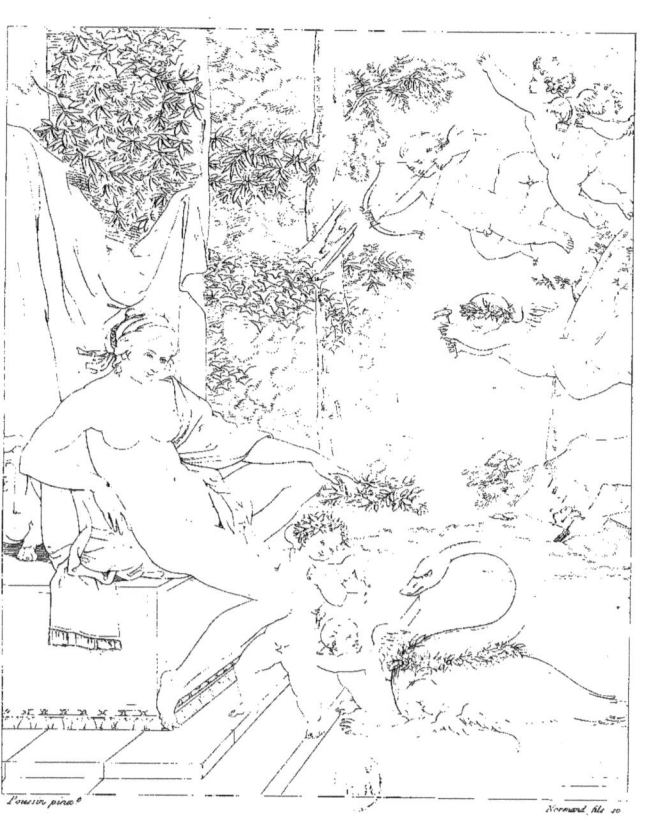

www.ingramcontent.com/pod-product-compliance
Lightning Source LLC
Chambersburg PA
CBHW070257230526
45470CB00002B/621

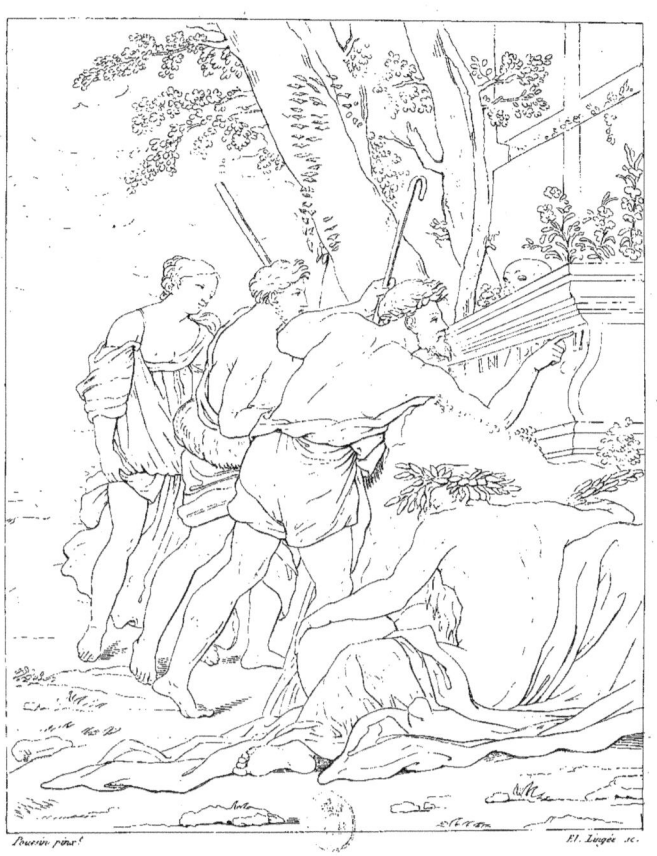

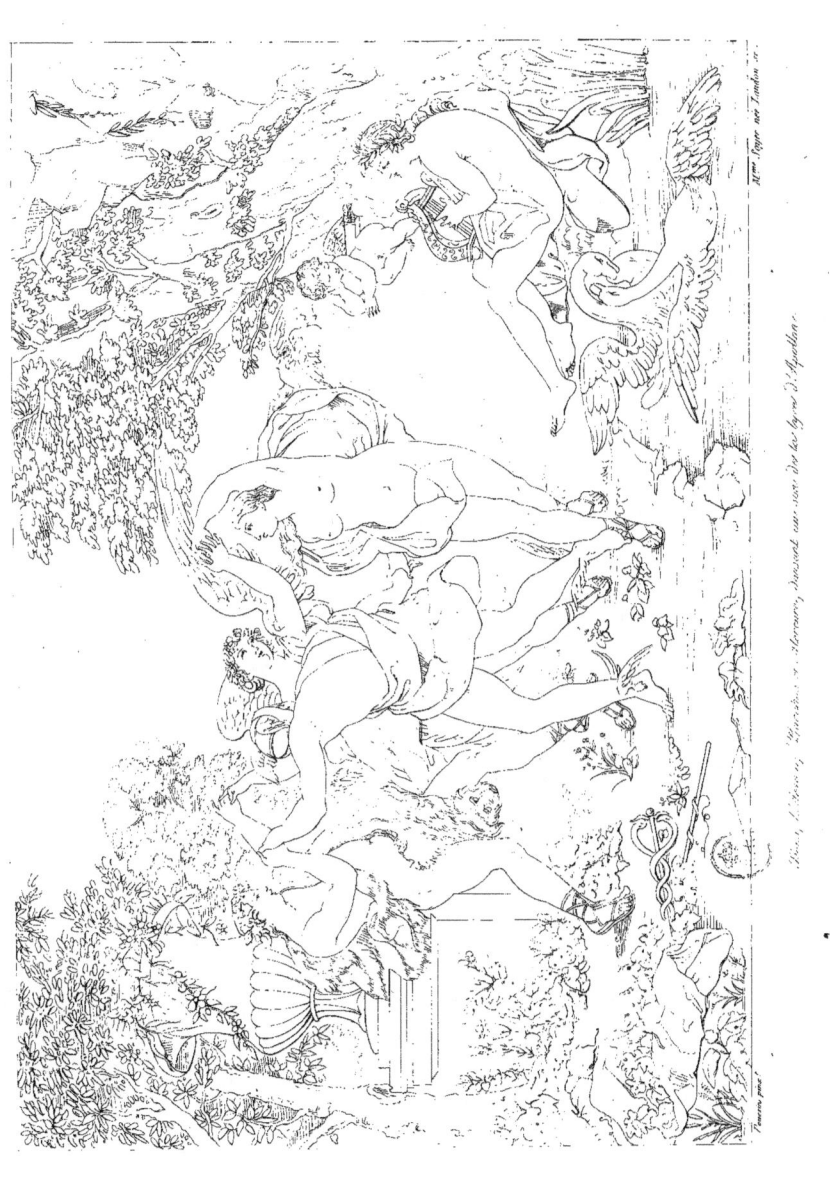

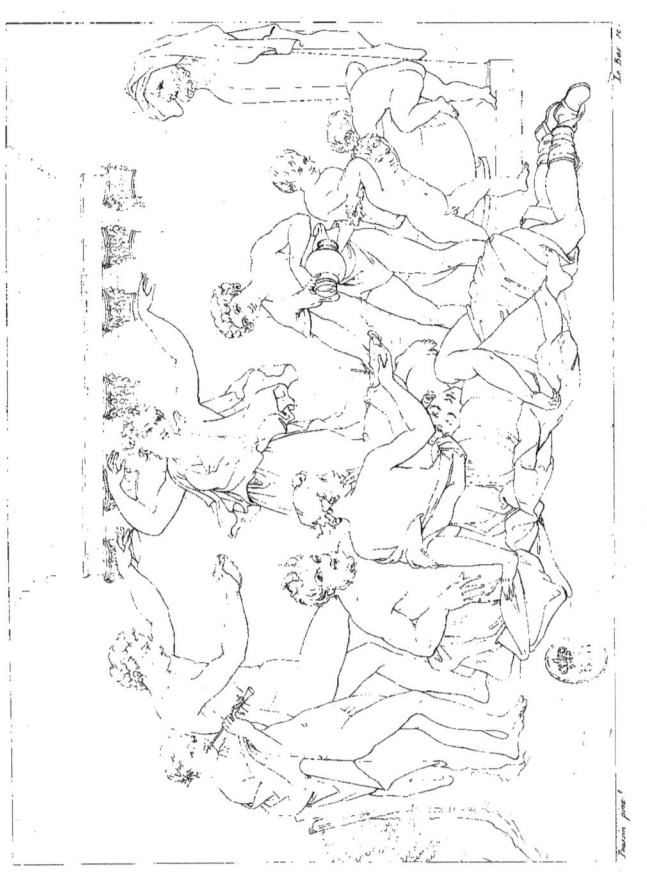

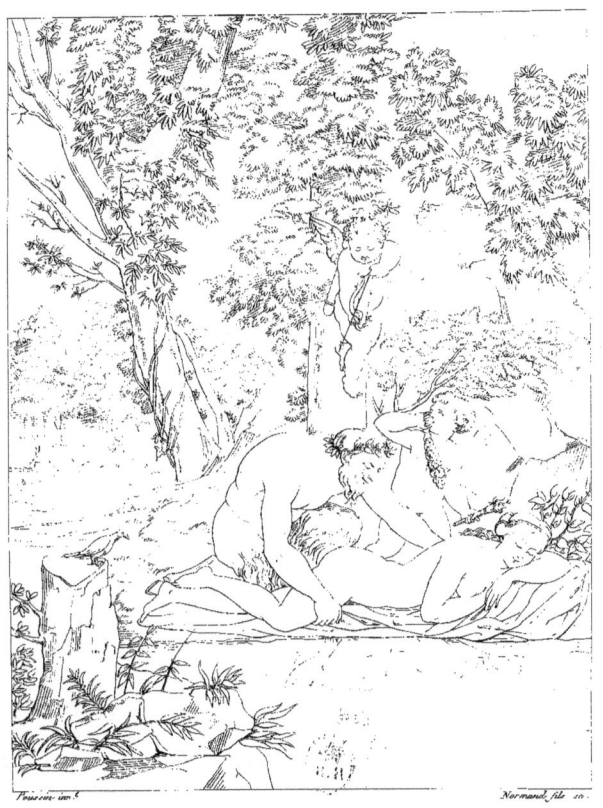

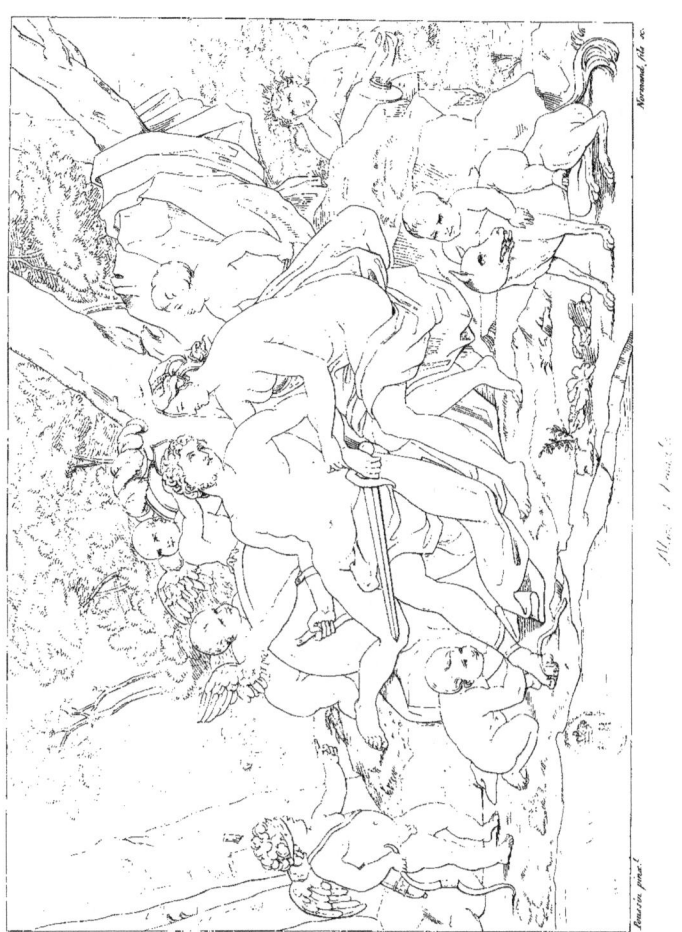

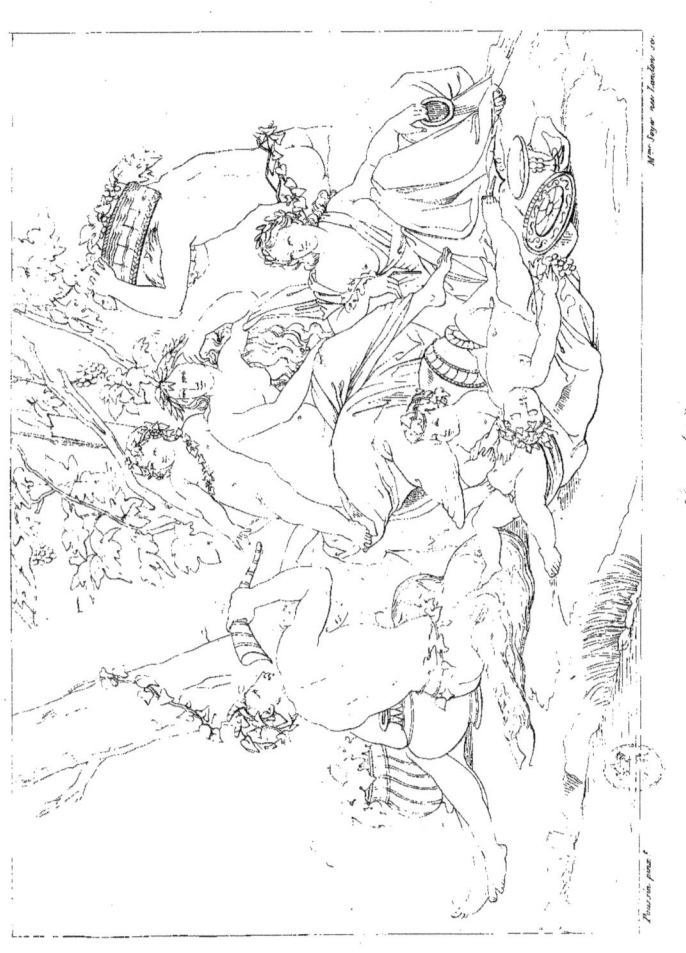

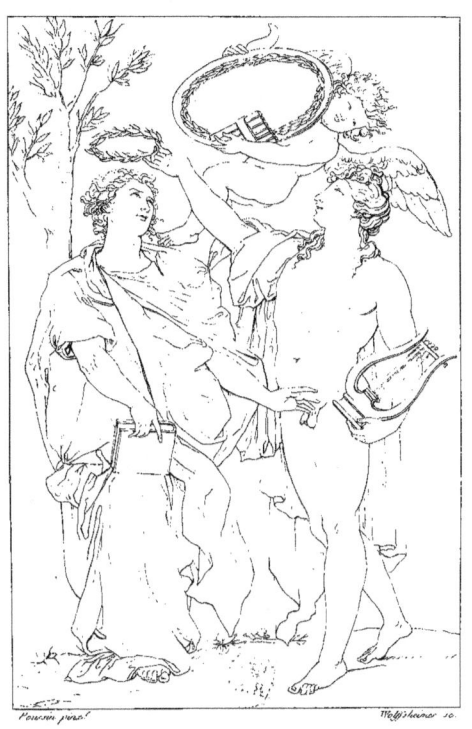

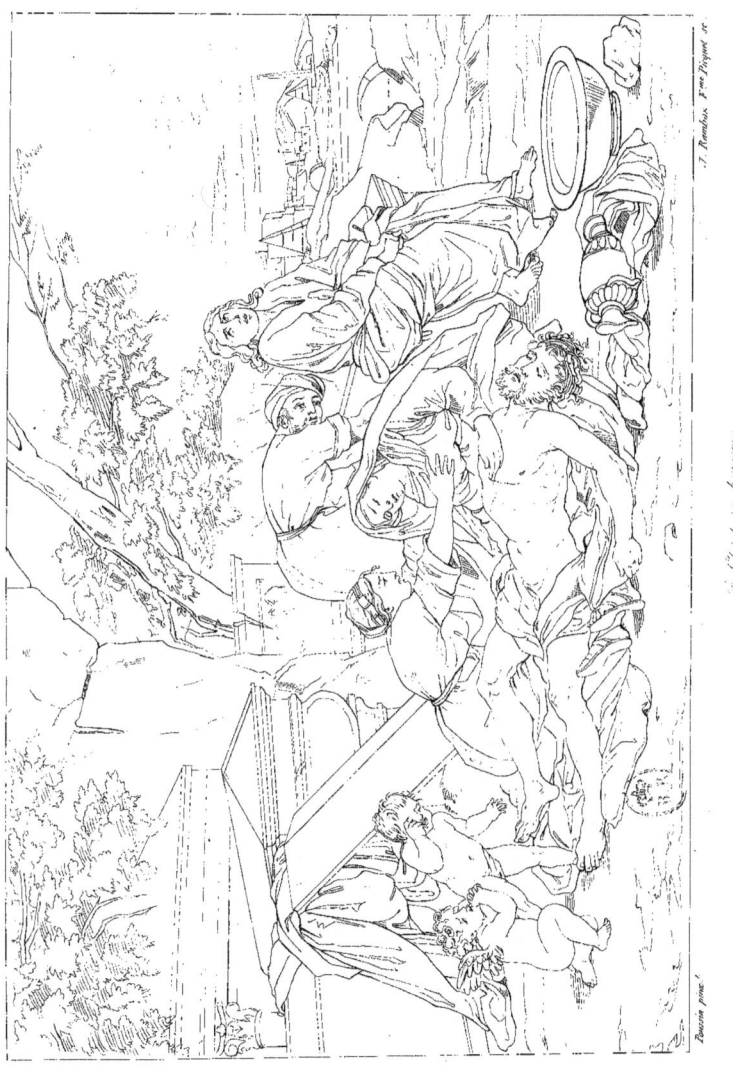

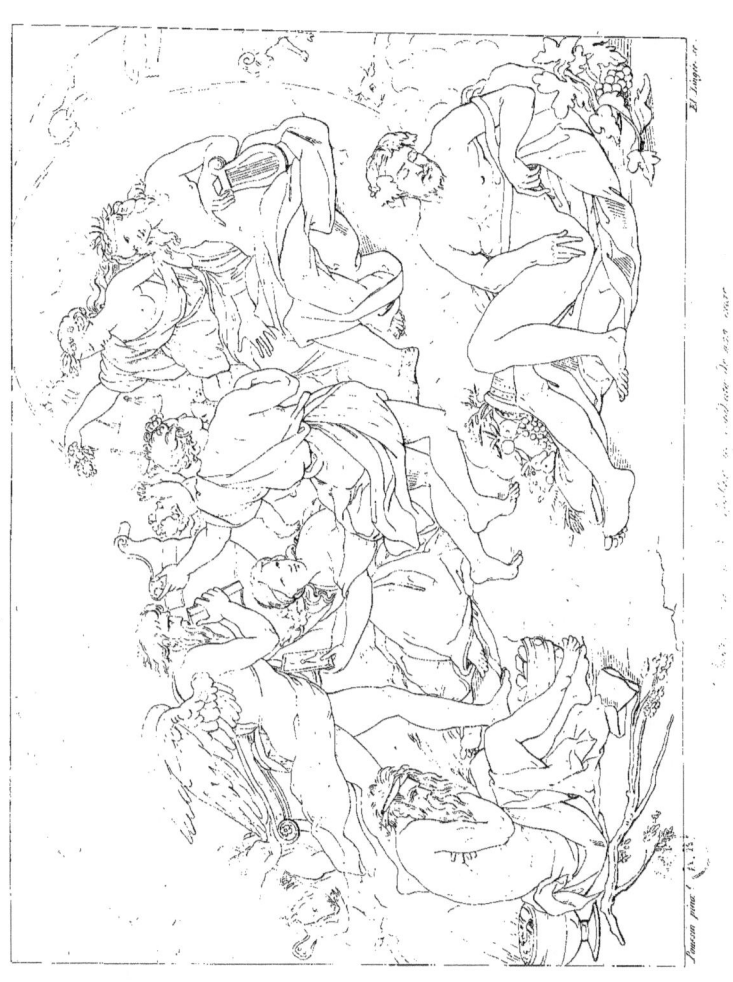

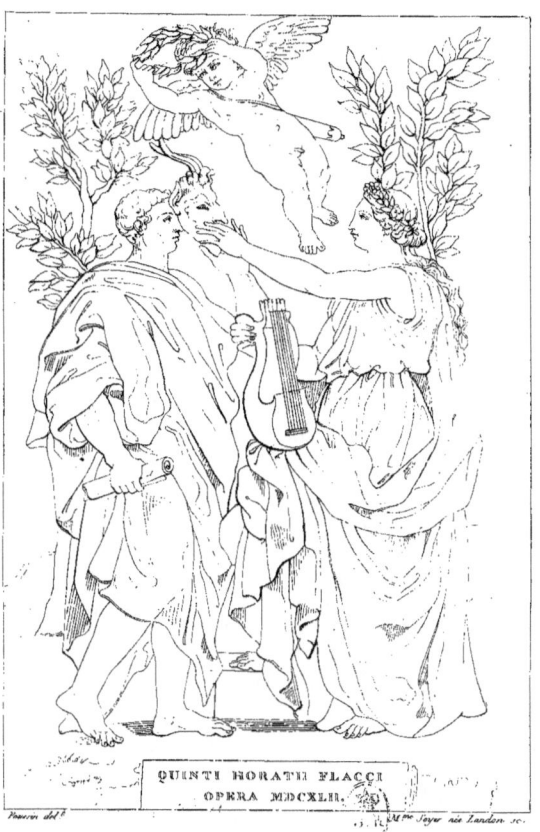

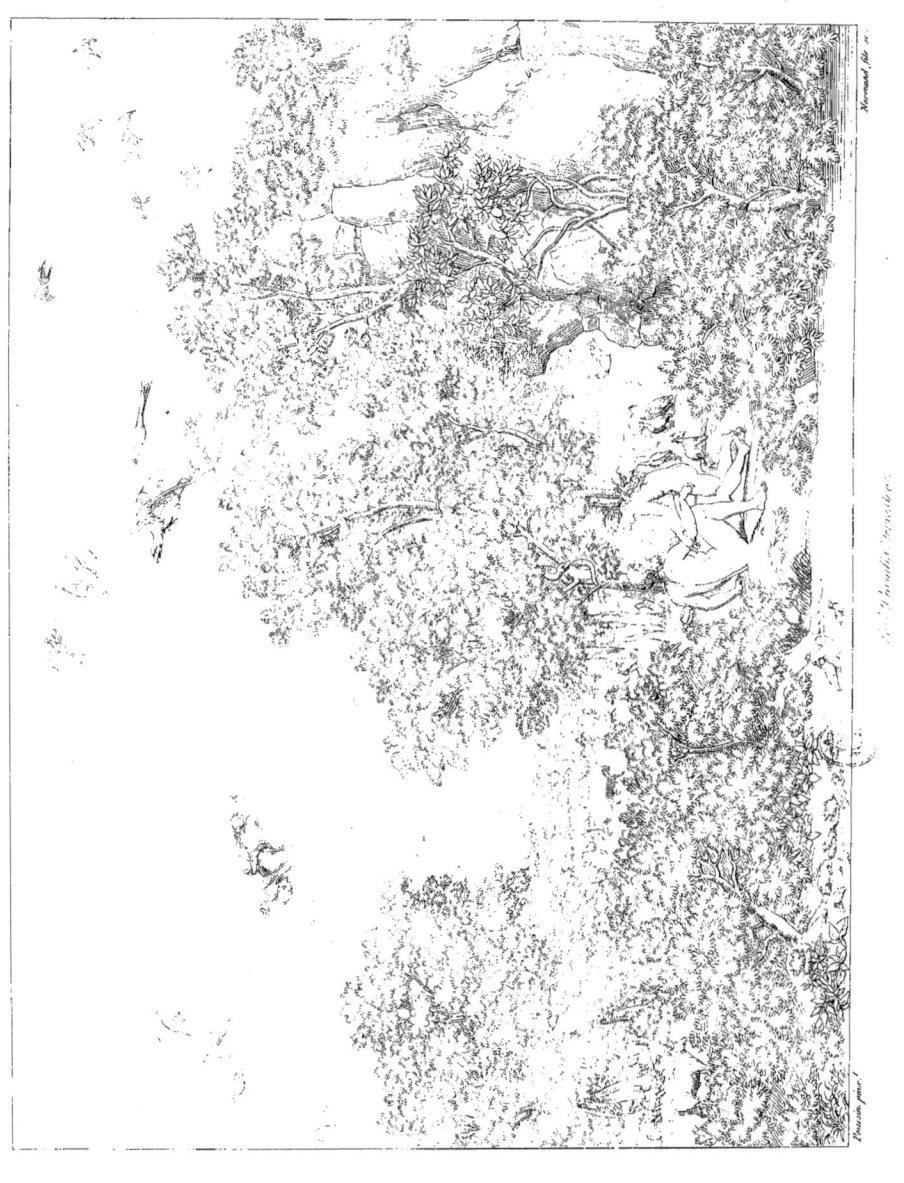

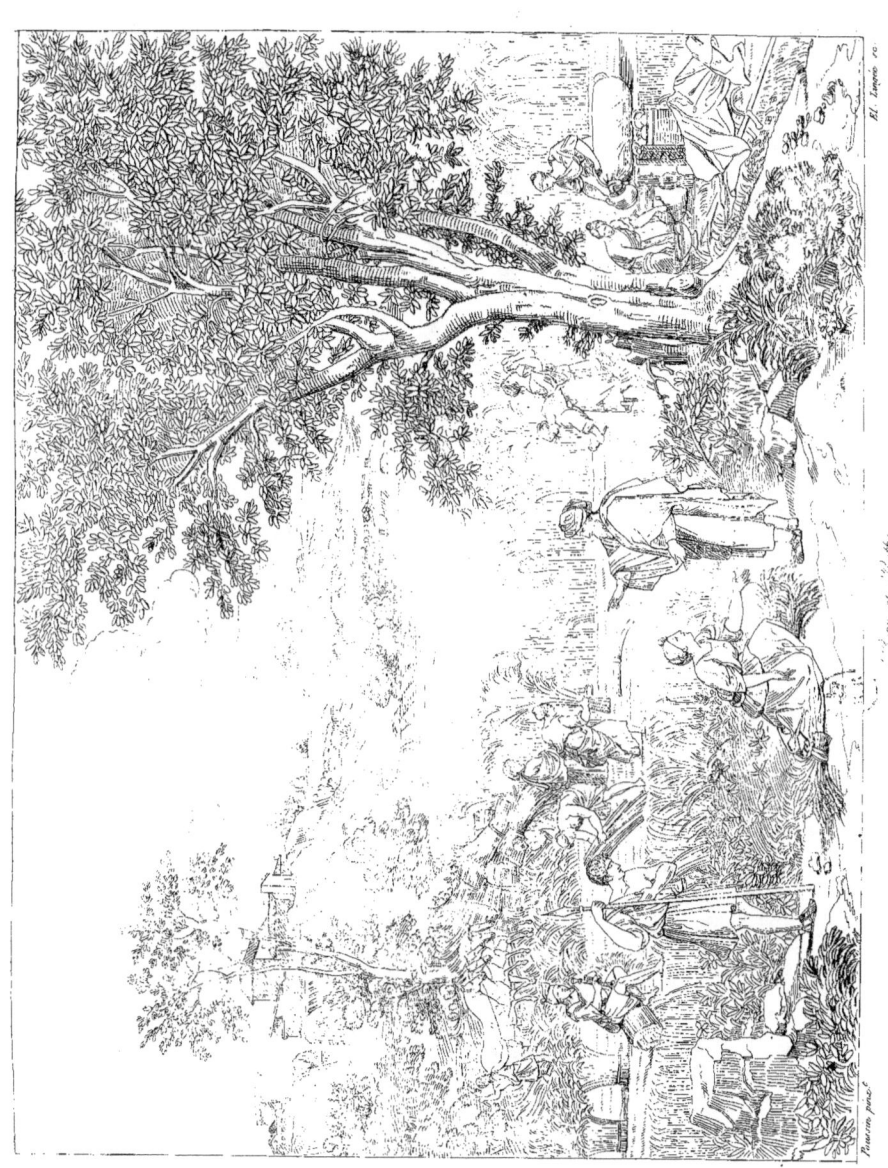

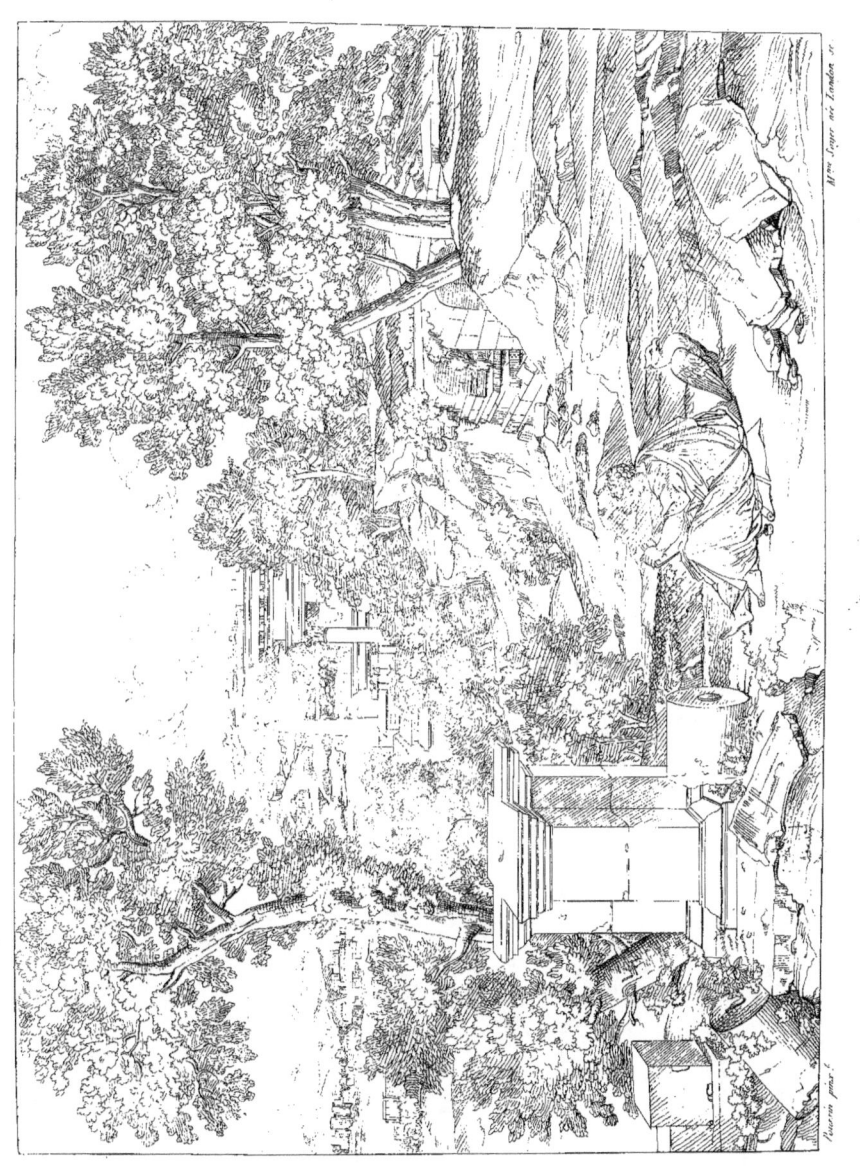

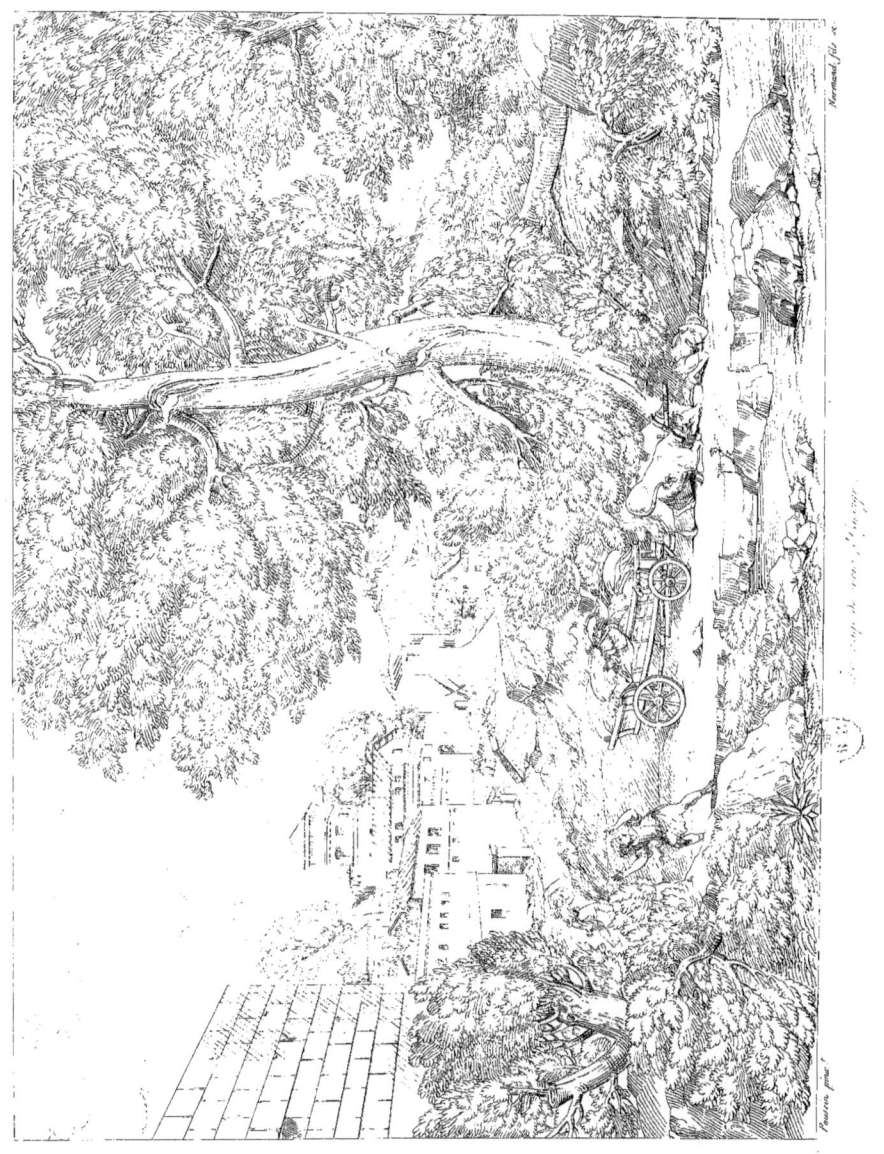